Reise durch

HESSEN

Bilder von
Tina und Horst Herzig

Texte von
Ernst-Otto Luthardt

Stürtz

Souvenirs
Geschenk

seit 1772
ART APART
RESTAURANT SCHWARZER

Erste Seite:
Das Anfang des 18. Jahrhunderts errichtete Orangerieschloss in der Kasseler Karlsaue, auf dessen Dach sich Figuren aus der antiken Mythologie tummeln, geht vermutlich auf Paul du Ry (1640–1714) zurück. Das rund 140 Meter lange Gebäude beherbergt heute das Museum für Astronomie und Technikgeschichte.

Vorherige Seite:
Nach den schweren Zerstörungen im Zweiten Weltkrieg wurden diese Fassaden an der Ostseite des Frankfurter Römerbergs erst in den Achtzigerjahren des vergangenen Jahrhunderts den neuerbauten Häusern vorgeblendet. Auf dem Gerechtigkeitsbrunnen posiert natürlich nicht irgendwer, sondern Frau Justitia.

Unten: *Das Goethehaus am Großen Hirschgraben erinnert an den berühmten Sohn Frankfurts, der hier am 28. August 1749 das Licht der Welt erblickt hat. Das Gebäude musste nach dem Zweiten Weltkrieg neu aufgebaut werden. Die Einrichtung blieb indes weitgehend erhalten.*

Seite 10/11: *Turmherrlichkeit auf der Darmstädter Mathildenhöhe: Rechts die Ende des 19. Jahrhunderts – auf eigens aus dem Zarenreich importierter Erde – erbaute Russische Kapelle, links der Hochzeitsturm, ein Werk Joseph Maria Olbrichs von 1908.*

Inhalt

Klein, aber fein: Das Neckarstädtchen Hirschhorn. Die Ursprünge des romantischen Schlosses, das heute als exklusives Hotel genutzt wird, datieren aus der Zeit um 1200. Die Zubauten und Veränderungen erfolgten in der Spätgotik und – so der Pallas – in der Renaissance.

Die Hessen", so Jacob Grimm, seien „außer den Friesen der einzige deutsche Volksschlag, der mit behauptetem altem Namen bis auf heute unverrückt an derselben Stelle haftet, wo seiner in der Geschichte zuerst erwähnt wird." Während sich Grimm damals, im 19. Jahrhundert, allein auf die quasi identischen Benennungen stützen musste, gibt es inzwischen auch archäologische Hinweise darauf, dass die von Tacitus in seiner „Germania" (98) beschriebenen Chatten und das erstmals 738 in einem Sendschreiben Papst Gregors III. erwähnte „populus hessiorum" dem gleichen Nest entstammen.

Bevor die Vorfahren der Hessen das Land um Kinzig und Lahn, Schwalm und Ohm, Diemel, Fulda und Eder in Besitz nehmen konnten, mussten sie vorher die Kelten vertreiben. Das dürfte ihnen jedoch nicht allzu schwer gefallen sein, denn sie galten als kampferprobte Haudegen. Tacitus zeichnete sie als besonders kräftig, „von gedrungener Gestalt und mit furchterweckendem Blick". Jedenfalls wehrten sie alle auf ihre Unterwerfung zielenden Attacken der Römer ab und verschafften sich so viel Respekt, dass diese nichts Eiligeres zu tun hatten, als die Grenze zum Chattengau dichtzumachen (Limes).

Die politische – und vielleicht auch religiöse – Zentrale der Urhessen trug den Namen Mattium. Jüngste Ausgrabungen lassen vermuten, dass sie sich bei den nach Niedenstein beziehungsweise Gudensberg eingemeindeten Ortschaften Metze und Maden im Schwalm-Eder-Kreis befunden hat.

Die Suche nach ihrer „Hauptstadt" ist jedoch nicht das einzige Rätsel, das die Chatten ihren Nachfahren aufgegeben haben. So ist bis heute nicht klar, ob jene legendäre Salzschlacht im Jahre 58, in der sie gegen die Hermunduren den kürzeren gezogen haben, wirklich an der Werra oder vielleicht an der Saale stattgefunden hat; und was sie eigentlich in den fünfhundert Jahren, die zwischen ihrer letzten Erwähnung im Jahre 213 und der ersten der Hessen (738) liegen, getrieben haben und inwieweit sie unter fränkischer Herrschaft ihre Identität bewahren konnten.

Bonifatius' Erbe

Auch wenn er, wie immer, nicht öffentlich in Erscheinung getreten ist, gilt des lieben Gottes Auftraggeberschaft bei der Errichtung des Klosters Fulda als sicher. Ließ er doch seinen irdischen Mitarbeiter Bonifatius wissen, wie sehr es ihm gefiele, wenn im tiefsten Heidenland eine neue Benediktinerniederlassung gegründet und die Missionierung vorangebracht würde. Bonifatius erledigte den Auftrag jedoch nicht selber, sondern nahm seinen Schüler Sturmius in die Pflicht, der denn auch 744 den Grundstein für das Projekt legte.

Noch im gleichen Jahrhundert zur Reichsabtei erhoben, wuchs das Kloster nicht nur zur – nach dem Vatikan – größten, reichsten und mächtigsten kirchlichen Machtzentrale, sondern auch zum geistigen Mittelpunkt des Reiches. Vor allem der gelehrte Abt Hrabanus Maurus (um 780–856) entwickelte die Klosterschule zu einer Bildungsanstalt von allerhöchster Reputation: Die Liste der Schüler liest sich wie ein „Who is who" der damaligen Zeit. Und auch die 2000 Handschriften zählende Bibliothek setzte allerhöchste Maßstäbe.

Das Kloster und sein Initiator Bonifatius fanden erst nach dessen Märtyrertod im Jahre 754 wieder zusammen. Trotz massiver Begehrlichkeiten seitens seiner ehemaligen bischöflichen Wirkungsstätte wurden seine Gebeine nicht nach Mainz, sondern nach Fulda überführt. Die Verehrung, die ihm dort entgegengebracht wurde, hielt sich über lange Zeit in regionalen Grenzen. Zum „Apostel der Deutschen" machte ihn erst das 19. Jahrhundert. Doch Bonifatius war noch viel mehr, nämlich einer der maßgeblichen Architekten des christlichen Europa.

Von den in und um Fulda erbauten alten Gotteshäusern blieben aus dem 9. Jahrhundert die Krypten der Michaelskapelle und der Liobakirche (Petersberg) erhalten. Letztere mit Resten von Wandmalereien, die zu den ältesten unseres Landes zählen. Apropos Wandmalereien: Die aus dem 11. Jahrhundert stammende Krypta von St. Andreas in Neuenberg kann sich – wie Pfarrer Winfried Abel erklärt – neben St. Georg auf der Reichenau des einzigen komplett ausgemalten Kirchenraums aus ottonischer Zeit auf deutschem Boden rühmen.

Die Mordquelle im Odenwald

Neben Fulda hatte Hessen mit Hersfeld und Lorsch noch zwei weitere karolingische Großbaustellen. Die drei riesigen Klosterkirchen, von denen allerdings wenig übriggeblieben ist, zeugen von der überragenden Bedeutung der Region im fränkischen Reich. Nachdem dieses im Jahre 843 geteilt wurde, bestimmten die deutschen Karolinger Lorsch zu ihrer Grablege.

Der Dom in Fulda geht auf Johann Dientzenhofer (1663–1726) zurück, der vom Papst persönlich empfohlen wurde. Bauherr war Fürstabt Adalbert von Schleifras. Bevor die Arbeiten beginnen konnten, musste leider die Ratgarbasilika, der berühmte karolingische Vorgängerbau, der Spitzhacke weichen.

Die zum UNESCO-Weltkulturerbe erklärte Reichsabtei, von der die prächtige Torhalle zur Gänze auf uns gekommen ist, wird auch im Nibelungenlied, dem bedeutendsten mittelhochdeutschen Heldenepos, erwähnt. Und zwar in der sogenannten Handschrift C, einer von mehreren schriftlichen Versionen dieses berühmten Literaturdenkmals. Erstmals niedergeschrieben wurde es um 1200. Die Handlung bezieht sich auf den Aufstieg und den Untergang des Burgunderreiches zu Beginn des 5. Jahrhunderts. Ihre Protagonisten sind teils – wie die Könige Gunther (Gundahar) und Etzel (Attila) – historisch verbürgt, teils der Sage entlehnt. Zu letzten gehört der Drachentöter Siegfried, ein früher Superman, dem allerdings seine außergewöhnlichen Fähigkeiten – dank einer Tarnkappe kann er sich nicht nur unsichtbar machen, sondern auch riesige Kräfte entwickeln – zum Verhängnis werden.
Als Gunthers Frau Brünhild erfährt, dass sie in dem Zweikampf, von dessen Ausgang sie ihr Jawort abhängig gemacht hatte, nicht von ihrem jetzigen Gatten, sondern von Siegfried bezwungen wurde, hat der sie zur Todfeindin. Doch der Held hat in Drachenblut gebadet und ist unverwundbar – mit Ausnahme einer von einem Lindenblatt bedeckten Stelle zwischen den Schultern. Um die Ehre seiner Herrin wiederherzustellen, hegt Brünhilds Gefolgsmann Hagen von Tronje finstere Pläne. Er lädt Siegfried zu einem Jagdausflug ein und als dieser sich an einer Quelle zum Trinken niederbeugt, nutzt er dessen einzige Schwachstelle, um ihm von hinten den Todesstoß zu versetzen.
So geschehen vermutlich im Odenwald. Zumindest in oben erwähnter Handschrift C werden dieser als Schauplatz des Verbrechens und das Kloster Lorsch als Grablege des Helden genannt. Auf die Mordquelle erheben – neben dem baden-württembergischen Odenheim – auch die hessischen Ortschaften Grasellenbach, Heppenheim, Hiltersklingen und Lautertal Anspruch. Das heißt, Litera-Touren auf der Nibelungen-Siegfried-Straße haben durchaus ihre Tücken.

Die Heilige an Hessens Wiege

Frauen ihres Formats gab und gibt es so viele nicht. Ihr Vorbild ist heute erst recht aktuell. Die ungarische Königstochter Elisabeth, als

Vierjährige auf die Wartburg gekommen, um eines Ludowingers Gattin zu werden, machte alles anders als man es von ihr erwartete. Ihre Untertanen waren für sie zuallererst Menschen. Die Standesunterschiede nahm sie nicht besonders wichtig. Sie sah nur die Not und half, wo sie konnte. Öffnete außer ihrem Herzen auch die landgräflichen Kornkammern und Geldtruhen. Und scheute sich nicht, die Kranken und Aussätzigen selber zu pflegen.

Der fürstlichen Aussteigerin ging es nicht um spektakuläre Public-Relations-Aktionen, sondern um gelebten Glauben. Fest davon überzeugt, dass die Fokussierung auf das himmlische Paradies niemanden aus seinen irdischen Pflichten entlässt, waren ihr Barmherzigkeit und Gerechtigkeit besonders wichtig. Weltliche Güter indes hielt sie nur insofern nötig, damit sie sie an jene weitergeben konnte, die ihrer bedürftiger waren als sie. Kein Wunder bei ihrer Freigebigkeit, dass Elisabeth am landgräflichen Hof kaum Freunde hatte. Im Grunde hielten nur der sie über alles liebende Gatte Ludwig sowie ihr Beichtvater Konrad von Marburg, der große Pläne mit ihr hatte, zu ihr. So blieb ihr nach dem Tode Ludwigs keine andere Wahl, als die Wartburg zu verlassen und ein neues Zuhause zu suchen – das sie in Marburg fand. Doch jene Frau, die in dem von ihr gegründeten Spital als einfache Krankenpflegerin arbeitete und dabei weit über ihre Kräfte ging, war nicht mehr Witwe eines Landgrafen, sondern nur noch barmherzige Samariterin. Elisabeth starb mit 24. Heilige wurde sie 1231 und ein paar Jahre später, nachdem ihre Tochter Sophie von Brabant im blutigen Thüringisch-Hessischen Erbfolgekrieg (1247–1264) für ihren Sohn Heinrich die hiesige Landgrafenkrone erstritten hatte, auch „Hauptfrau des Landes Hessen".

„Viel Harnisch han wir und viel Pferd ..." (Ulrich von Hutten)

Bedrängt von der sächsischen und bayerischen Konkurrenz war es für die staufischen Herrscher (1138–1254) eine Frage des politischen Überlebens, die Zentralgewalt zu stärken. So ließen sie nicht nur den immer wichtiger werdenden Handelsplatz Frankfurt, sondern auch dessen Umland befestigen – wodurch Hessen erneut in den Mittelpunkt der Reichspolitik rückte. Mit den staufischen Wehr- und Repräsentationsbauten – dem Saalhof in Frankfurt, der Pfalz in Gelnhausen und den Ministerialenburgen in Büdingen und Münzenberg – begann die hessische Burgen- und Schlösserlandschaft erste Gestalt anzunehmen. Danach, den Rittern sowie den weltlichen und geistlichen Fürsten sei's gedankt, wuchs sie immer weiter. Wurde zu einer der reichsten Deutschlands. Mit Vorzeigeburgen wie Friedberg in der Wetterau, Runkel an der Lahn oder der Ruine Ehrenfels am Rhein. Und jenen grandiosen Schloss-Inszenierungen, die Arolsen („Hessisches Versailles", Kassel (Wilhelmshöhe, Wilhelmsthal, Orangerie), Marburg, Weilburg, Fulda (Residenz, Adolphseck) oder Erbach heißen.

Von der Steckelburg im Kinzigtal sind die Umfassung, Reste eines Wohnbaues und ein Turm geblieben. Ulrich von Hutten (1488–1523), der Burgherr, machte als großer Dichter und unerschrockener Visionär von sich reden. Inszenierte 1522 mit dem geächteten Franz von Sickingen eine bewaffnete reichsritterliche Rebellion mit dem Ziel, die Abhängigkeit vom römischen Klerus sowie die Zersplitterung des Reiches zu überwinden und die Größe und Einheit der Nation wiederherzustellen. Der Ausgang war verheerend: Der von Sickingen wurde gleich getötet, der von Hutten langsam. Dem flüchtigen todkranken Mann, 1517 vom Kaiser noch zum „Poeta laureatus" gekrönt, liefen plötzlich die „Freunde" davon ...

Wer die Wahrheit über die angebliche Burgenromantik wissen will, lese Huttens Brief an den befreundeten Nürnberger Humanisten Pirkheimer: *„Gleichgültig, ob eine Burg auf einem Berg oder in der Ebene steht, so ist sie auf jeden Fall doch nicht für die Behaglichkeit, sondern zur Wehr erbaut, mit Gräben und Wall umgeben, innen von bedrückender Enge, zusammengepfercht mit Vieh- und Pferdeställen ... Überall stinkt es nach Schießpulver, und der Duft der Hunde und ihres Kotes ist auch nicht lieblicher, wie ich meine. Reiter kommen und gehen, darunter Räuber, Diebe und Wegelagerer ... Und welch ein Lärm! Da blöken die Schafe, brüllt das Rind, bellen die Hunde ... Und jeden Tag kümmert und sorgt man sich um den folgenden, immer ist man in Bewegung, immer in Unruhe."*

Von Bädern und Menschen

Die Liste ist lang und voller klangvoller Namen. 32 Kur- und Heilbäder gibt es in Hessen. Darunter das Gesamtkunstwerk Bad Nauheim, wo Kuranlagen, Park, Stadt und Umgebung so perfekt miteinander harmonieren, als wären sie von Anfang an mit- und füreinander gemacht. Nicht zu vergessen die Landeshauptstadt Wiesbaden. Dort wurde 1806 zum ersten Mal – das damalige Herzogtum Nassau – regiert, aber schon seit rund 2000 Jahren gebadet. Den römischen Legionären, die im kalten und unwirtlichen Germanien Dienst taten, mochten die heißen und heilkräftigen Quellen wie das Paradies vorgekommen sein.

Zu Beginn des 19. Jahrhunderts ließen die nassauischen Fürsten die Badeanlagen ausbauen. Weltkurbad und „Nizza des Nordens" wurde Wiesbaden jedoch erst unter den Preußen. Zu

Auch wenn in Hanau-Wilhelmsbad der Kurbetrieb schon lange ruht, sind die prächtigen Baulichkeiten und der Englische Park noch heute eine Attraktion. Wilhelm I. von Hessen-Kassel, der die Anlage in Auftrag gab, besorgte sich das Geld, indem er seine „Landeskinder“ als Soldaten verkaufte.

den vielen prominenten Gästen zählte auch der russische Romancier Fjodor M. Dostojewski. Allerdings ging es ihm weniger um die Heilung seiner Gebrechen, sondern mehr um die seiner desaströsen Finanzen: Doch statt sich zu sanieren, verspielte er 1865 sein gesamtes Vermögen. Davon wiederum profitierte die Literatur: Dostojewski war gezwungen, sich von seinem Verleger Geld zu pumpen. Als Gegenleistung lieferte er in nur 26 Tagen den Roman „Der Spieler“. Schauplatz dieser stark autobiografisch gefärbten Darstellung der Selbstzerstörung eines Menschen ist die fiktive Stadt Roulettenburg – in der die Wiesbadener natürlich ihre Stadt sehen. Doch Dostojewski hatte auch in Bad Homburg sowie in Baden-Baden gezockt ...

Unabhängig davon, ob es nun Schauplatz der Weltliteratur ist oder nicht, kann sich Homburg zumindest des ersten Spielkasinos der Welt rühmen. Wie überall, wo es um viel Geld geht, gehört Bluffen auch hier zum Handwerk. Nicht jeder ist das, was er zu sein vorgibt.

Aber das war beim Prinzen von Homburg nicht anders. Jedenfalls bei dem, den Heinrich von Kleist 1821 auf die Bühne gebracht hat und der sich gründlich von seinem historischen Vorbild unterscheidet. Friedrich von Homburg war nämlich, als er sich 1675 in der Schlacht von Fehrbellin hervortat, weder ein strahlender Jüngling, noch besonders gut auf den Beinen. Hatte er doch das rechte schon als Knabe gebrochen und das linke bei der Belagerung von Kopenhagen eingebüßt. Da der hölzerne Ersatz, den er seitdem trug, nicht viel hermachte, ließ er ihn standesgemäß aufmöbeln – was ihm den Beinamen „Friedrich mit dem silbernen Bein“ einbrachte.

Fliegen wie ein Vogel

Es waren Besessene, die – von einer Vision getrieben und alles andere geringschätzend – ausgerechnet auf der baumlosen, sturmumtosten und schneereichen Wasserkuppe, dem mit 950 Metern höchsten Berg der hessischen Rhön, in einem Kleiderschrank gewohnt haben. Besagte „Behausung“ stand in einem Zelt, dessen Bestimmung darin bestand, als Werkstatt zu dienen. Und zwar für Segelflugzeuge. Für deren Bau waren Alexander Lippisch und Gottlob Espenlaub, so die Namen der beiden Männer,

Obwohl nur 144 Meter lang und drei Meter breit, ist die im 15. Jahrhundert erstmals als Quartier von Rheinschiffern erwähnte Drosselgasse in Rüdesheim in aller Welt ein Begriff. Gilt sie doch als das Sinnbild kollektiver Weinseligkeit.

keine Anstrengung zu viel, keine Entbehrung zu groß. Immerhin wurde das Zelt schon bald durch eine Baracke ersetzt, in der 1920 fünf „Rhönindianer" – so die scherzhafte Benennung dieser Mutigen – überwinterten. Lippisch blieb der Fliegerei sein Leben lang verbunden. Er konstruierte unter anderem die Messerschmitt Me 163 und später für die Amerikaner verschiedene Militärmaschinen. Nicht zu vergessen jenen legendären Segler namens „Ente", der – mit zwei Raketen bestückt – Fritz Stammler in die Lüfte trug. So geschehen 1928 auf der Wasserkuppe. 1970, dem offiziellen 50-jährigen Jubiläum des Segelflugbetriebes, schloss Neil Armstrong mit seinem Besuch den Kreis zwischen dem ersten bemannten Raketenflug der Menschheit und der Reise zum Mond.

Im Deutschen Segelflugmuseum, dem weltweit größten seiner Art, gibt es nicht nur die „Ente", sondern auch zahlreiche andere berühmte Maschinen zu sehen, die mit Weltrekorden und zahlreichen anderen Bestleistungen die Geschichte des motorlosen Flugsports geprägt haben. Eine weitere interessante Abteilung ist der Entwicklung des Modellfluges gewidmet.

Doch die Wasserkuppe zehrt nicht nur von ihrer großen Flugsport-Vergangenheit, sondern beeindruckt auch mit einer höchst lebendigen Gegenwart. Allerdings müssen sich nun die Segelflieger den Berg sowohl mit kleinen Motorflugzeugen als auch mit Drachen- und Gleitschirmfliegern teilen. Und da die Modellbauer ebenfalls von der Partie sind, ist der rhönische Himmel bei schönem Wetter ganz schön dicht. Übrigens: Im Winter geht es hier oben längst nicht mehr darum, in einem Kleiderschrank zu überleben, sondern darum, möglichst viel Spaß zu haben. Steht doch der Name Wasserkuppe, mit vier Liften und Halfpipe, auch für ein vielbesuchtes Skigebiet.

Die Kunst-Stadt

In Kassel rechnet man die Zeit auf zweierlei Weise. Einmal mit Christi Geburt beginnend und dann mit dem Jahr 1955, als hier die erste documenta ihre Pforten öffnete, die fortan Zeit-Kunst und Kunst-Zeit ihren Stempel aufdrücken sollte.

Natürlich residierten auch schon in der alten Residenzstadt nicht nur – 24 – Fürsten, sondern auch die Musen. Ihre schönste Behausung, Schloss Wilhelmshöhe, bringt Architektur und Landschaft auf besonders spektakuläre Weise

zusammen. Fast könnte man darüber vergessen, dass auch der Kriegsgott Mars ein verheerendes Kapitel der Stadtgeschichte mitgeschrieben hat. Und zwar am 23. Oktober 1943, als britische Bomben ein Inferno entfachten, in dem Kassel fast vollständig unterging.

Die erste documenta, die Arnold Bode anlässlich der Bundesgartenschau auf die Beine stellte, gab auch der schwerverwundeten Stadt Auftrieb. Vor allem ging es ihm aber um jene geistigen Verwundungen, die die Menschen erlitten hatten, als man sie von ihren bedeutendsten Künstlern entfremdet hatte. Lag damals der Schwerpunkt auf der – vornehmlich aus den Zwanziger- und Dreißigerjahren des 20. Jahrhunderts datierenden – sogenannten „Entarteten Kunst", widmeten sich die nachfolgenden Ausstellungen immer mehr der europäischen, dann auch interkontinentalen Gegenwart. Die anfangs alle vier und inzwischen alle fünf Jahre veranstaltete documenta wurde zur Welt-Schau. Kamen 1955 bereits 130 000 Besucher, waren es 2007 fast 755 000. Auch die Ausstellungsfläche wurde erweitert, das Fridericianum durch die 1992 ihrer Bestimmung übergebene documenta-Halle entlastet. Manche Exponate waren eh nicht fürs Gehäuse gedacht. Und auch nicht für die spätere Demontage, sondern fürs Bleiben. Wie jene kühne Begrünung, die Joseph Beuys unter dem Schlagwort „Stadtverwaldung statt Stadtverwaltung" zur documenta 7 (1982) in Angriff genommen hatte. Trotz erheblicher Widerstände bis zur documenta 8 im Jahre 1987 in den Boden gebracht, erfreut sich das Kunstwerk der „7000 Eichen" inzwischen allgemeiner Beliebtheit. Zur Erinnerung: Auch das Laserscape Kassel, die weltweit erste Laser-Installation im öffentlichen Stadtraum, ist ein Kind der documenta (1977).

Willkommen im Land der Mitte

Als die US-Militärregierung nach dem Ende des Zweiten Weltkrieges den Großstaat Hessen erfand, wussten zunächst selbst dessen Bürger nicht so richtig, wer alles dazugehörte. War doch dieses politische Konstrukt nur eine weitere Stufe des jahrhundertelangen Monopoly, bei dem die Regionen, Städte, Dörfer und Menschen ständig hin- und hergeschoben wurden. Als beständig erwies sich allein der Name des Landes, nicht aber das, wofür er stand. Doch die Hessen, die seit den Karolingern und Staufern dazu bestimmt scheinen, Mitte zu sein, wussten sich darauf einzustellen. Sehen sich nicht nur im Nach-, sondern auch im Vorteil. Nämlich offen zu sein nach allen Seiten und für alle Neuerungen und Perspektiven. Und der Erfolg, siehe die Entwicklung des Ballungsraums Rhein-Main, gibt ihnen recht.

Der nach dem Bau der Staumauer (1908–1914) entstandene Edersee zählt zu den größten künstlichen Gewässern Deutschlands. Mit einer Fläche von fast zwölf Quadratkilometern gilt er auch als Eldorado für Freizeitkapitäne. Motorboote bleiben allerdings ausgesperrt.

Jedenfalls macht der Kontrast zwischen dem dichtbesiedelten und wirtschaftlich intensiv erschlossenen Süden und dem viel ruhigeren, urigen Norden das Land erst recht interessant. Bietet es doch auf verhältnismäßig kleinem Territorium (21 114 Quadratkilometer) nicht nur eine Fülle landschaftlicher und architektonischer Preziosen, sondern auch an Freizeitangeboten. Das große Geschenk der Natur an Hessen sind jedoch die Wälder. Mehr als hier gibt es in keinem anderen Bundesland. Die geografischen Benennungen – Reinhardswald, Habichtswald, Westerwald, Kellerwald, Kaufunger Wald, Schlierbachswald, Seulingswald und Odenwald – sprechen eine deutliche Sprache. Bliebe noch festzuhalten, dass es hierzulande nicht nur Wanderern, Joggern, Fahrradfahrern, Reitern, Pilz-, Beeren- und Kräutersammlern, Märchen- und Burgenfreunden sowie anderen romantische Naturen gut geht, sondern Wassersportlern auch. Stehen denen doch mit Rhein, Main, Lahn, Fulda und Werra gleich mehrere interessante Fluss-Persönlichkeiten und mit dem Edersee einer der größten deutschen Stauseen zu Diensten.

Seite 22/23:
Die aus vier Jahrhunderten stammenden Gebäude und kulturgeschichtlichen Objekte im Freilichtmuseum Hessenpark bei Neu-Anspach entführen die Besucher in eine vergangene Zeit. Gezeigt werden jedoch nicht nur Architekturdenkmale, sondern auch die Lebens- und Arbeitsweise der Menschen. Und für Speis und Trank ist natürlich ebenfalls gesorgt.

Seite 24/25:
Nachdem die mittelalterliche Mauritiuskirche im Jahre 1850 einem Brand zum Opfer gefallen war, bedurfte es in Wiesbaden einer neuen evangelischen Hauptkirche. So wurde Carl Boos mit dem Bau der auch als „Nassauer Landesdom" bezeichneten Marktkirche beauftragt. Das neugotische Gotteshaus, dessen Hauptturm 98 Meter in den Himmel ragt, wurde 1862 geweiht.

Paradestück des Heppenheimer Marktplatzes ist das Rathaus. Erbaut im Jahre 1551, fiel es im Pfälzischen Erbfolgekrieg (1688–1697) – bis auf das steinerne Untergeschoss – den Flammen zum Opfer und musste wiederaufgebaut werden. So zitiert es heute nicht nur die Renaissance, sondern auch den Barock.

Die Vier-Burgen-Versammlung über dem Städtchen Neckarsteinach geht auf Bligger von Steinach sowie dessen Nachkommen zurück. Der wackere Rittersmann, der um die Wende vom 12. zum 13. Jahrhundert lebte, machte sich jedoch nicht nur in Sachen Sicherheit, sondern auch als Minnesänger einen Namen. Wir kennen sein Bild aus der Manessischen Handschrift, wo er gerade ein Lied diktiert. Sein Kollege Einhard, der rund vier Jahrhunderte früher gelebt und es bis zum Vertrauten und Biografen Karls des Großen gebracht hatte, baute noch viel mehr. So auch die beiden Basiliken im odenwäldischen Michelstadt und im damals Obermühlheim geheißenen Seligenstadt. Hier, im größten Gotteshaus, das aus karolingischer Zeit auf uns gekommen ist, fand er auch seine letzte Ruhestätte.
Weiter nordwärts führt der Weg in die Wetterau, einer fruchtbaren Lösslandschaft, in der bereits in der Altsteinzeit Menschen siedelten. Später wurde sie, aus strategischen Gründen, auch den Römern und Staufern wichtig. So besitzt die Burg Friedberg, eine der größten mittelalterlichen Wehranlagen Deutschlands, den Grundriss eines römischen Kastells. Auch wurden Reste einer antiken Fußbodenheizung gefunden. Nahe Usingen, im Taunus, haben die Archäologen einen großen, 221 mal 147 Meter messenden Stützpunkt, die Saalburg, ausgegraben, in dem im 3. nachchristlichen Jahrhundert 600 mit dem Schutz des Limes beauftragte Legionäre stationiert waren.
Im Vergleich zu den Römern hat die Königin der Blumen erst spät in der Wetterau Einzug gehalten. 1868 eröffnete Heinrich Schultheis in Steinfurth die erste deutsche Rosenschule, die das heute nach Bad Nauheim eingemeindete Dorf weit über die Grenzen Deutschlands hinaus bekanntgemacht hat.

Rechts:
Odenwaldidylle bei Lindenfels, einem ehemaligen kurpfälzischen Oberamtsstädtchen, das erstmals 1123 als Besitz des Klosters Lorsch urkundlich erwähnt wurde und heute anerkannter heilklimatischer Kurort ist.

Unten:
Der Otzberg im Odenwald wird von einer fuldischen Veste gekrönt, die Ende des 12., Anfang des 13. Jahrhunderts gebaut wurde. Nachdem sie ihre militärische Bedeutung verloren hatte, wurde sie zunächst als Staatsgefängnis, dann als Jugendherberge genutzt. Heute ist dort ein Trachten- und Heimatmuseum untergebracht.

Oben:
Weingärten an der Bergstraße. Deren Weine sollte man an Ort und Stelle trinken. Zum Beispiel auf dem Weinmarkt in Heppenheim, der alljährlich am letzten Wochenende in Juni beginnt und – leider – nach neun Tagen wieder schließt.

Links:
Auch wenn sich der Frühling an der Bergstraße groß feiern lässt, sind auch, wie hier bei Heppenheim, Winter und Schnee keine Unbekannten. Allerdings ist deren Herrschaft nicht allzu lang. Und auch nicht besonders streng.

Links:
Von der Ruine des Schlosses Auerbach bietet sich ein weiter Blick in die Umgebung. Die mächtige Verteidigungsanlage war einst im Besitz des Klosters Lorsch. Später ging sie an die Grafen von Katzenelnbogen und von denen an die hessischen Landgrafen über. 1674 im Französisch-Niederländischen Krieg zerstört, birgt sie heute eine bekannte Ausflugsgaststätte.

Links Mitte:
Während früher im ganzen Odenwald die Meiler rauchten, gibt es heute nur noch Freizeitköhler, die zu bestimmten Anlässen und Festen das alte Handwerk wieder aufleben lassen.

Links unten:
Die über Heppenheim wachende Starkenburg entstand Mitte des 11. Jahrhunderts. Einst zweitstärkste Festung des Kurfürstentums Mainz, war sie seit Mitte des 18. Jahrhunderts dem Verfall ausgesetzt. 1960 wurde auf dem Gelände eine Jugendherberge errichtet.

Unten:
Der Sage nach soll das wildromantische Felsenmeer bei Lautertal-Reichenbach auf zwei Riesen zurückgehen, die sich gegenseitig mit Steinen beworfen haben. Geologisch gesehen entstand es durch Verwitterung. Zahlreiche Funde beweisen, dass der dunkelgraue Quarzdiorit bereits von den Römern abgebaut wurde.

Die Siegfriedquelle im Felsenmeer soll Schauplatz des Mordes an Siegfried im Nibelungenlied gewesen sein. Allerdings gibt es im Odenwald mindestens fünf Gemeinden, die Anspruch auf die wahre Quelle erheben.

Auch auf der Burg Breuberg gibt es eine Jugendherberge. Dazu eine Gaststätte und ein Museum. Der Kern der Anlage datiert aus dem 13. Jahrhundert. Während die Befestigungen (16. Jahrhundert) im wesentlichen auf Graf Michael II. von Wertheim zurückgehen, war es Graf Johann Casimir von Erbach, der zu Beginn des darauffolgenden Jahrhunderts die Vorburg prächtig ausbauen ließ.

Oben:
Das zur Festung ausgebaute und nie eingenommene Schloss Lichtenberg entstand aus einer mittelalterlichen Burg.

Ganz links:
Die inmitten des Städtchens Beerfelden gelegene Mümlingquelle wurde nach dem großen Stadtbrand von 1810 neugestaltet. Der Zwölfröhrenbrunnen spielte bis Ende des 19. Jahrhunderts bei der Trinkwasserversorgung eine zentrale Rolle.

Links:
Dieses herrliche Zeugnis Karolingischer Architektur im Kloster Lorsch galt lange als Tor-, könnte aber auch von Karl dem Großen mit Blick auf seine Kaiserkrönung als Königshalle errichtet worden sein.

STADT HULST

Unten:
Blick über den Markt auf das Darmstädter Schloss. Aus einer Wasserburg der Grafen von Katzenelnbogen hervorgegangen, wurde es über sechs Jahrhunderte hinweg immer wieder vergrößert und umgestaltet. Die größte Herausforderung war jedoch, nach den Zerstörungen im Zweiten Weltkrieg, der komplette Wiederaufbau.

Rechts oben:
Das 1819 von Hofbaudirektor Georg Moller errichtete Darmstädter Theater brannte gleich zweimal ab. Und zwar 1871 und 1944. Beide Male widerstand der klassizistische Portikus den Flammen. Seit 1992 wird der Mollerbau als „Haus der Geschichte" genutzt. Er beherbergt unter anderem das Hessische Staatsarchiv Darmstadt.

Rechts Mitte:
Das Schlossmuseum in Darmstadt bietet vielfältige Einblicke in das einstige Hofleben. Zu sehen sind nicht nur diverse repräsen-

tative Räumlichkeiten, sondern auch Kunst und Kunsthandwerk – darunter von Mitgliedern der hiesigen Künstlerkolonie gestaltete Objekte.

Rechts unten: Das Darmstädter Wissenschafts- und Kongresszentrum darmstadtium erinnert mit seinem Namen an jenes chemische Element, das in der Natur nicht vorkommt, sondern erstmals 1994 von der in der Stadt beheimateten Gesellschaft für Schwerionenforschung experimentell erzeugt wurde.

Die Darmstädter Mathildenhöhe – ein „Berg Athos der modernen Architektur“

Es war, um mit Stefan Zweig zu sprechen, eine echte Sternstunde, die den Großherzog Ernst Ludwig von Hessen-Darmstadt (1868–1937) und den Architekten, Designer und Grafiker Joseph Maria Olbrich (1867–1908) zusammenkommen ließ. So geschehen im Jahre 1899. Die Entscheidung, jenen Mann, der als Mitbegründer der Wiener Secession den Kampf gegen den verstaubten, gleichwohl mächtigen akademischen Kunstbetrieb auf seine Fahnen geschrieben hatte, nach Darmstadt zu holen, zeugt nicht nur von der profunden Kennerschaft des Fürsten, sondern spricht auch für seine große Aufgeschlossenheit gegenüber Neuem – was seinen Standesgenossen entschieden zu weit ging, ja höchst verdächtig war. So soll Kaiser Wilhelm II. ihn gar als Sozialisten ausgemacht haben …

Unbeirrt von solchen Afterreden versprach sich Großherzog Ernst Ludwig von Olbrich und den sechs anderen Gründungsmitgliedern der neuen Künstlerkolonie wichtige Impulse für das Kunsthandwerk und damit auch für die Wirtschaft seines Landes. Aber Olbrich hatte noch ganz anderes im Kopf. Er wollte endlich seinen großen Traum verwirklichen, in dem es darum ging, eine ganze Siedlung im neuen Stil zu errichten. Und der Fürst zog begeistert mit. Steuerte keinen x-beliebigen, sondern den besten Bauplatz bei. Sah in der weit ihre Umgebung überragenden Mathildenhöhe, die einen großen Park trug, ein ideales natürliches Podest für die in Aussicht gestellte revolutionäre Bebauung. Und wurde nicht enttäuscht. Mit den Wohnhäusern der Künstler sowie diversen Ausstellungs- und Ateliergebäuden setzte der Jugendstil Darmstadt im wahrsten Sinne des Wortes die Krone auf. Die Mathildenhöhe verwandelte sich in einen „Berg Athos der modernen Architektur“ (F. Hering, H. J. Klein).

Der Öffentlichkeit im In- und Ausland wurde das Gesamtkunstwerk im Rahmen von drei repräsentativen Expositionen – 1901, 1904 und 1908 – vorgestellt. Während sich die erste ausschließlich auf die Künstlerkolonie bezog, wurde letztere, als „Hessische Landesausstellung“ firmierend, auch von der Wirtschaft und den Gewerbe- und Fachschulen mitgetragen.

Bekenntnisse und Botschaften

Olbrich war nicht nur der visionäre Kopf der Gruppe, sondern auch ihr Architekt. Mittelpunkt der Kolonie und eines seiner Hauptwerke ist das nach dem Großherzog benannte Atelierhaus, das er – zusammen mit dem Haus Deiters, dem Großen und Kleinen Haus Glückert, dem Haus Habich sowie seinem eigenen Haus – für die erste Ausstellung im Jahre 1901 erbaute. Die Inschrift über dem Hauptportal des Ernst-Ludwig-Hauses ist als programmatischer Imperativ zu lesen: „*Seine Welt zeige der Künstler, die niemals war noch jemals sein wird.*“ Will heißen: Für Epigonen ist hier kein Platz. Willkommen hingegen sind jene, die nach Originalität streben. Die aktuellen Kunst-Verhältnisse werden jedoch nicht nur benannt, sondern auch vorgeführt. Während die von Ludwig Habich am Haupteingang postierten wuchtigen Figurationen von „Mann“ und „Frau“ den Historismus verabschieden, nimmt der schlichte Baukörper die Neue Sachlichkeit voraus. Die farbig-verspielte Portalnische wiederum gehört zur Gänze dem Jugendstil, der gerade eroberten Gegenwart.

Nachdem Olbrich für die zweite Ausstellung im Jahre 1904 die Kolonie um die Dreihäusergruppe erweitert hatte, kamen 1908, zur dritten, noch das Ausstellungsgebäude und der Hochzeitsturm hinzu. Letzteren hatte die Stadt, nachdem der Großherzog Anfang 1905 die Ehe eingegangen war, für diesen als Hochzeitsgeschenk bestellt. Im deutlichen Kontrast zu dem aus roten Klinkern gemauerten Turm wirkt die vielgliedrige Haube geradezu heiter. Anders gesagt: Dem prosaischen Beginn folgt ein poetischer Abschluss. Solcherlei Logik konnten sich auch die Darmstädter nicht verschließen, die des Architekten Fantasien als Wort-Spiel weitergeführt und aus dem Hochzeits- den Fünffingerturm gemacht haben.

Links:
Joseph Maria Olbrich war nicht nur einer der Mitbegründer des Jugendstils, sondern nahm mit seinem neoklassizistischen Spätwerk auch die Neue Sachlichkeit vorweg.

Oben:
Märchenhafte nächtliche Begegnung auf der Mathildenhöhe zwischen orthodoxer Tradition und Jugendstil: Die Russische Kapelle und der Hochzeitsturm.

Kleine Bilder rechts, von oben nach unten: *Portal des Ernst-Ludwig-Hauses. „Das in den monumentalen Statuten nachklingende Pathos ist", wie Professor G. Kiesow treffend anmerkte, „noch ein Erbe des Historismus."*

„Die Treue" und „Der Kuss" nannte Friedrich Wilhelm Kleukens (1878–1956), künstlerischer Leiter der berühmten Ernst-Ludwig-Presse, die beiden von ihm geschaffenen Mosaiken in der Eingangshalle des Hochzeitsturms.

Blick vom Ausstellungsgebäude, das 1908 auf der „Hessischen Landesausstellung für freie und angewandte Kunst" seiner Bestimmung übergeben wurde, auf die Russische Kapelle.

Seite 42/43:
Der liebevoll rekonstruierte Klostergarten in Seligenstadt, der sich in einen Konvent- und in einen Apothekergarten gliedert, liefert der karolingischen Basilika den grünen Rahmen.

Ganz links:
Wiesbadens Russische Kirche wurde Mitte des 19. Jahrhunderts von dem nassauischen Landesbaumeister Philipp Hoffmann als Grablege für die bei der Geburt ihres Kindes verstorbene Gemahlin des Herzogs Adolf, Tochter eines zaristischen Großfürsten, errichtet.

Links:
Hoffmann entwarf auch die Pläne für den Monopteros auf dem Neroberg. Der Rundtempel fängt nicht nur die Blicke, sondern bietet sich auch an, diese auszusenden. Nämlich hinunter auf des Landes erste Stadt.

Links:
Die Nerobergbahn bringt seit 1888 Besucher auf Wiesbadens Hausberg. Die Streckenlänge beträgt 438 Meter, die Höchstgeschwindigkeit 7,3 Stundenkilometer. Angetrieben wird sie ausschließlich durch Schwerkraft (mit Wasser als Ballast).

Linke Seite:
Blick vom Neroberg auf Wiesbaden, das heute knapp 277 000 Einwohner zählt. Vorläufer der Stadt war eine chattische Siedlung namens Aquae Mattiacorum, die 121 erstmals erwähnt wurde. Der Name Wisibada tauchte zu Beginn des 9. Jahrhunderts auf.

Unten:
Die zwischen 1852 und 1862 erbaute neugotische Marktkirche in Wiesbaden zitiert auch innen konsequent ihr Vorbild, die Friedrichswerdersche Kirche in Berlin.

Ganz unten:
Blick in den Zuschauerraum des Hessischen Staatstheaters Wiesbaden. Der 1894 seiner Bestimmung übergebene neubarocke Musentempel wurde von den damaligen Wiener Stararchitekten Fellmer und Helmer gebaut.

Rechts:
Das prachtvolle Foyer, für das Stadtbaumeister Felix Genzmer die Pläne lieferte, wurde erst 1902 an das Hessische Staatstheater angebaut. Die Deckenbilder stammen von dem Wiesbadener Künstler Kaspar Kögler, der auch den Himmel des Zuschauerraums bemalte.

Oben:
Die von einem weitläufigen Park umgebene ehemalige nassauische Sommerresidenz Biebrich wurde in der ersten Hälfte des 18. Jahrhunderts in mehreren Bauabschnitten errichtet. Sie zählt zu den schönsten Barockschlössern am Rhein.

Rechts:
Schloss Johannisberg gilt als älteste Riesling-Domäne der Welt. Die Pläne für die 1725 fertiggestellte Dreiflügelanlage lieferte Andrea Gallasini. Rund einhundert Jahre später baute Georg Moller das Hauptgebäude um, das nach dem Zweiten Weltkrieg in Trümmern lag und neuaufgerichtet werden musste.

Oben:
Dieses Gebäude in Eltville wurde um 1830 errichtet. Es diente zunächst als Wohnhaus, später als Seminarraum für begabte Nachwuchsmusiker und danach für Empfänge und Sektproben. Besitzer war Matheus Müller, der Begründer der bekannten Sektkellerei, die seit 2002 zur Unternehmensgruppe „Rotkäppchen-Mumm“ gehört.

Links:
Eltviller Ansichten. Im Vordergrund die neogotische Burg Crass, im Hintergrund der Turm der aus dem 14. Jahrhundert stammenden Kurfürstlichen Burg. Das bekannte Wahrzeichen der Stadt beherbergt unter anderem eine Gutenberg-Gedenkstätte.

Unten:
Wie dieser Blick über die Weinberge bei Rüdesheim beweist, ist die Region fest in Bacchus' Hand, der dabei auch auf die Unterstützung von Vater Rhein bauen kann.

Rechts oben:
Die zu Beginn des 20. Jahrhunderts erbaute neuromanische Benediktinerinnen-Abtei St. Hildegard in Eibingen steht sowohl mit ihrem Namen als auch kirchenrechtlich in der Nachfolge der im 12. Jahrhundert von der heiligen Hildegard von Bingen gegründeten Klöster Rupertsberg und Eibingen.

Rechts Mitte:
Zehneinhalb Meter hoch und 32 Tonnen schwer ist die metallene Germania-Figur des Niederwalddenkmals. Anlass für das patriotische Monument waren der Sieg über Frankreich im Jahre 1870/71 und die damit verbundene Neugründung des deutschen Kaiserreiches.

Rechts unten:
Rheinblick bei Rüdesheim. Die Ufer und Inseln zwischen Eltville und Bingen gehören zum Europa-Reservat „Rheinauen", einem bedeutenden Überwinterungsgebiet und Rastplatz für Zugvögel.

Weinselig seit römischer Zeit – Rheingau und Hessische Bergstrasse

Dass Bacchus im Rheingau eine seiner weltweit berühmtesten Dependancen unterhalten kann, hat er in erster Linie dem Rhein zu verdanken. Der, ansonsten für seine Gradlinigkeit mit der er der Nordsee zustrebt, bekannt, muss zwischen Walluf und Lorchhausen einen Bogen um den Taunus schlagen. Dadurch kommen die Südhänge ins rechte Sonnenlicht. Zusätzlich wirkt der Fluss noch als großer reflektierender Spiegel. Und da auch das Terroir passt und den Reben mit Quarzit, Sandstein, Kiesen und Löss schmeichelt, ist die Erfolgsgeschichte des hiesigen Weines vorprogrammiert. Den Ton gibt der Riesling an. Ist er doch eindeutig in der Überzahl. Aber auch von allerhöchster Qualität. Alter Weinhochadel, zu dessen berühmtesten Adressen der Gräfenberg bei Kiedrich, der Steinberg nahe dem Kloster Eberbach sowie der Johannisberg gehören. Dort trafen Benediktiner und Wein erstmals 1106 zusammen. Noch wichtiger war das Jahr 1775. Nachdem der Bote mit der bischöflichen Order für den Beginn der Lese erst eintraf, als die Trauben bereits faulten, hielt man die Ernte für verloren. Umso größer waren Überraschung und Begeisterung, als man die erste Flasche der Spätlese öffnete.

Der Rheingau steht jedoch nicht nur für herausragende Rieslinge, sondern auch für große Spätburgunder. Der bekannteste Rotweinort ist Assmannshausen mit dem Höllenberg – aus dessen furchteinflößendem Namen man keine falschen Schlüsse ableiten sollte. Bringen doch die Reben, die er auf seinem Schieferrücken trägt, einen geradezu himmlischen Tropfen hervor.

Nachdem bereits die Römer Weinbau betrieben hatten, erlebte dieser unter Karl dem Großen einen erneuten Aufschwung. Da der Kaiser nicht nur Reben anpflanzen ließ, sondern den Winzern erlaubte, einen Teil ihres Ertrages selber auszuschenken, wird ihm neben seinen vielen anderen Verdiensten auch die Erfindung der Straußwirtschaft zugeschrieben. Später, ab dem beginnenden 12. Jahrhundert, leisteten die Zisterzienser von Eberbach Pionierarbeit und verliehen dem Weinbau neue, entscheidende Impulse. Dabei war ihnen und den Mönchen anderer Klöster die Motivation ihrer Leute so wichtig, dass sie sie sogar aus der Leibeigenschaft entließen. „Rheingauer Luft macht frei", hieß es dazu in einem geflügelten Wort.

Der feine Unterschied

Fast wären die Rebgärten in jenem Teil der Bergstraße, der zum neuen Bundesland Hessen kam, dem großen (Wein-)Bruder Rheingau zugeschlagen worden. Doch in diesem Falle waren es die Weinfachleute, die über die Bürokraten den Sieg davongetragen haben. Und zwar zu Recht. Obwohl die Rieslinge von der Bergstraße und die aus dem Rheingau fast Nachbarn geheißen werden können, sind sie durchaus von unterschiedlichem Charakter. Die Weine aus Heppenheim, Bensheim oder Zwingenberg gelten als feinrassiger und zarter als die der Konkurrenz. Zudem wird vielen eine etwas erdige Note nachgesagt, die dem hiesigen Terroir – verwittertem Gestein und fruchtbarem Löss – geschuldet sein dürfte.

Im Gegensatz zu den 3000 Hektar Rebflächen im Rheingau regiert Bacchus an der Hessischen Bergstraße über einen Kleinststaat. Von seinen deutschen Besitzungen sind nur die beiden an Saale und Unstrut sowie an der Elbe in Sachsen noch kleiner. Der Riesling dominiert an der Bergstraße zwar ebenfalls, lässt aber auch Müller-Thurgau und Silvaner leben und arrangiert sich zunehmend mit Weiß- und Grauburgunder.

Die Rebgärten messen im Durchschnitt nicht mehr als 5000 Quadratmeter. Produziert wird ausschließlich im Nebenerwerb. Während man den Wein von der Bergstraße mit etwas Glück und Spürsinn auch im Handel erwerben kann, ist der von der „Odenwälder Weininsel", einer nordöstlich gelegenen, 50 Hektar großen Exklave um Groß-Umstadt, nur an Ort und Stelle zu haben. Die wohl beste Gelegenheit bietet das Odenwälder Winzerfest, das alljährlich am Wochenende nach dem 15. September gefeiert wird und wärmstens empfohlen werden kann.

Links:
Ein Weinfass zu fahren, ist sicher einfacher, als es zu rollen oder gar zu tragen. Am leichtesten wäre sicher, es vorher leerzutrinken.

Oben:
Weingarten an der Bergstraße. Wie man sieht, halten es die Reben sehr mit der Geometrie. Stehen in Reih und Glied.

Kleine Bilder rechts, von oben nach unten: Der Philologe und Schriftsteller Karl Simrock (1802–1876) zählte den Johannisberg mit seinen Weingärten zu „den lachendsten, anmutigsten aller deutschen Gefilde“.

Weinberge bei Heppenheim. Hier trifft man nicht nur auf den Riesling, sondern auch auf die große Burgunderfamilie, Chardonnay, Gewürztraminer sowie jüngere „Einwanderer“ wie Müller-Thurgau und Kerner.

Neben dem Spätburgunder und dem Dornfelder gehört auch der St. Laurent zu jenen roten Rebsorten, die an der Hessischen Bergstraße gezogen werden.

Schloss Vollrads zählt zu den ältesten Weingütern der Welt. Handelt man doch schon seit Beginn des 13. Jahrhunderts mit dem köstlichen Rebensaft.

Linke Seite:
Der mittelalterliche Wohnturm, der auf Fundamenten aus der Römerzeit ruht, ist der älteste Teil von Schloss Vollrads.

Die malerischen Gebäude des Klosters Eberbach dienen heute unter anderem als Konzertstätte. Außerdem beherbergen sie das Hessische Staatsweingut. Eberbach und Wein sind also nach wie vor fest miteinander verbunden.

Das frühgotische Dormitorium der Eberbacher Mönche ist rund 70 Meter lang. Der zweischiffige Saal wird von mit skulptierten Kapitellen geschmückten Säulen gegliedert, die ein Kreuzrippengewölbe tragen.

Restaurant
Hotel Schwan

Linke Seite:
Als größte Weinstadt Hessens präsentiert Oestrich-Winkel im Rheingau seine Weine bei zahlreichen Weinfesten, in Gutsschänken und Straußwirtschaften. Im Hotel und Restaurant Schwan kehren seit 1628 Gäste ein.

„Zu Rüdesheim in der Drosselgass' …" – heißt es über dem Eingang des „Drosselhofs". Obwohl Otto Hausmann (1837–1916) sein bekanntes Gedicht speziell diesem Restaurant gewidmet hat, könnte jede Zeile für die gesamte Drosselgasse stehen. Zum Beispiel: „Zu Rüdesheim in der Drosselgass', kein Wand'rer geht vorbei, / Da segnet Gott die Fröhlichkeit der Zecher Kumpanei!" Unverwechselbares Kennzeichen des mittelalterlichen Brömserhofes (unten rechts) in Rüdesheim ist der spätgotische Fachwerkturm mit spitzer Haube und vier Ecktürmchen. Der alte Adelssitz birgt heute ein Museum mit mechanischen Musikinstrumenten.

Seite 58/59:
Fachwerkidylle in der Altstadt von Bad Orb. Die salzhaltigen Quellen waren seit alters bekannt. Im 17. und 18. Jahrhundert erreichte die Produktion des „Weißen Goldes" ihren Höhepunkt. 1837 wurde die erste Solbadeanstalt eröffnet.

Unten:
Die Häuser am Marktplatz des bei Neu-Anspach gelegenen Freilichtmuseums Hessenpark sind nicht nur zum Anschauen da, sondern beherbergen außer verschiedenen kleinen Läden auch ein Wirtshaus und ein Landhotel.

Rechts oben:
In einem 300-jährigen Wohnhaus aus dem Westerwälder Raum, das im Hessenpark einen neuen Standort gefunden hat, ist

dieses Kolonialwarengeschäft untergebracht. Die Einrichtung stammt aus den Zwanziger- und Dreißigerjahren des vergangenen Jahrhunderts.

Rechts Mitte:
Auch eine historische Apotheke darf im Hessenpark nicht fehlen. Im Gegensatz zu heute, wo die Apotheker die Medikamente größtenteils nur noch verkaufen, mussten sie damals noch alles selber herstellen.

Rechts unten:
Der Blick in die historischen Gebäude des Hessenparks macht nicht nur mit den Wohn- und Arbeitsbedingungen der Menschen vergangener Zeiten bekannt, sondern dient auch dem besseren Verständnis der Gegenwart.

Der 881,5 Meter hohe Große Feldberg im Taunus war schon im 19. Jahrhundert – vor allem den Frankfurtern – ein beliebtes Ausflugsziel. Der prominenteste Besucher, Herr Goethe, kam allerdings noch viel früher herauf. Und verriet später in „Dichtung und Wahrheit", dass ihn „die weite Aussicht immer mehr in die Ferne" gelockt habe. Der am nördlichen Rand des Gipfelplateaus gelegene sogenannte Brunhildisfelsen (oben) wird mit der Siegfried-Sage in Verbindung gebracht.

Die Saalburg, ein Limeskastell, wurde an der Wende vom 19. zum 20. Jahrhundert auf persönliche Initiative Kaiser Wilhelms II. wiederaufgebaut, der die Römer ob ihrer Eroberungen sehr bewunderte. Den Akteuren indes, die heute hier auftreten, geht es nicht um Landgewinn, sondern um die Unterhaltung der Besucher.

Linke Seite: Schloss Ramholz in Schlüchtern führt das beginnende 16. sowie das ausgehende 19. Jahrhundert zusammen. Nachdem der Industrielle Hugo von Stumm 1883 das alte Schloss derer von Hutten gekauft hatte, ließ er kurze Zeit darauf ein neues anbauen.

Links: Burg Schwarzenfels wurde Ende des 13. Jahrhunderts erstmals erwähnt und später zum Schloss ausgebaut. Das verkam nicht durch kriegerische Gewalt, sondern unter den Preußen, die es verfallen ließen, zur Ruine.

Ganz links: Hier kommen sich Spessart und Rhön ganz nahe: Landschaft bei Sinntal, der am weitesten östlich gelegenen Gemeinde des Main-Kinzig-Kreises.

Links: Bei Friedberg, in der „durch ihre Fruchtbarkeit an Getreide, Obst und Wein so berühmten Wetterau. Der Boden ist reine Gartenerde, und es kostet viel Mühe, in dem Feld einen Stein zu finden. Reiche Felder, bepflanzt mit Obstbäumen ... sprechen den Wanderer wohltätig an“ – erinnerte sich Ludwig Bocle einer Exkursion als Schüler im Jahre 1813.

Unten:
Der Sprudelhof in Bad Nauheim, auf den ersten Blick eher an ein barockes Schloss erinnernd, gilt als größte geschlossene Jugendstilanlage. Sie wurde zwischen 1905 und 1912 von dem Architekten Wilhelm Jost errichtet.

Rechts oben und Mitte:
Im Gradierwerk von Bad Nauheim wird die Sole über ein mit Reisig ausgelegtes hölzernes Gerüst geleitet, wodurch Wasser verdunstet und der Salzgehalt von ursprünglich 3 Prozent auf 13 bis 16 Prozent steigt.

Rechts unten:
Wer im Sprudelhof einen Löwen erblickt, braucht nicht gleich Reißaus zu nehmen. Ist dieser doch kein wirklicher, sondern nur einer aus Bronze und mit Sicherheit für niemanden eine Gefahr.

Gelnhäuser Gruppenbild mit Fachwerk und Türmen. Letztere gehören zur Marienkirche, mit der gleich nach 1170, als Kaiser Barbarossa dem Ort die Stadtrechte verlieh, begonnen wurde. Gebaut wurde bis in die Gotik hinein.

Die Kaiserpfalz in Gelnhausen ist eines der wichtigsten und schönsten Zeugnisse staufischer Herrschaft. Der Palas ist so reich mit romanischer Bauplastik ausgeschmückt, wie man sie sonst nur in Gotteshäusern findet.

Rechte Seite:
Die Gelnhäuser Marienkirche birgt einen der wenigen Lettner des Mittelalters, die vollständig auf uns gekommen sind. Er entstand in der ersten Hälfte des 13. Jahrhunderts. Die vier Reliefs in den Bogenzwickeln zeigen das Jüngste Gericht.

Unten:
Nachdem sie zunächst den Rittersleuten das Überleben gesichert hatte – die erste Erwähnung datiert von 1231 – wurde die Ronneburg erst zum Refugium für Waldenser und Hugenotten und später, 1736, auch für den Grafen von Zinzendorf und seine Herrnhuter Brüdergemeine.

Ganz unten:
Das Schloss in Steinau an der Straße, einst Nebenresidenz der Herren und späteren Grafen von Hanau, ist heute Museum, das sowohl eine Brüder-Grimm-Gedenkstätte als auch die Sammlung des hiesigen Marionettentheaters beherbergt.

Rechts:
Die Ronneburg aus einiger Entfernung gesehen. Wem der Weg zu lang dünkt, möge bedenken, dass es dort nicht nur ein Museum, sondern auch ein Wirtshaus gibt.

Oben:
Das Altstädter Rathaus in Hanau – heute Deutsches Goldschmiedehaus – zitiert sowohl Spätgotik als auch Frührenaissance. Eine Bauinschrift verrät, dass es um 1538 errichtet wurde.

Rechts:
Schloss Philippsruhe hat Versailles zum Vorbild. Bauherr – die Arbeiten begannen 1701 – und Namensgeber war Graf Philipp Reinhard. Nach dem Aussterben des Hanauer Grafengeschlechts kam deren Besitz an Hessen-Kassel. Der spätere Landgraf Wilhelm machte Philippsruhe zu seiner Residenz.

Oben:
Das Ysenburger Schloss in Büdingen ging aus einer strategisch wichtigen staufischen Wasserburg hervor. Von diesem Vorgängerbau sind der Bergfried, die Kapelle sowie der Palas übernommen worden.

Links:
Links das Weidig-Haus in Butzbach, rechts im Hintergrund der sogenannte Hexenturm. Friedrich Ludwig Weidig gab zusammen mit Georg Büchner die revolutionäre Flugschrift „Der hessische Landbote“ heraus. Für seine demokratische Überzeugung in den Kerker geworfen, wählte er dort 1837 den Freitod.

Rechts:

Die bedeutendste Reichsministerialenburg der Stauferzeit steht in Münzenberg. Das „Wetterauer Tintenfass", so deren volkstümliche Benennung, wurde von einer mächtigen Bewehrung sowie gleich zwei Bergfrieden geschützt.

Unten:

Willkommen auf Burg Friedberg, die bemerkenswerte Bausubstanz vom 14. bis zum 18. Jahrhundert aufzuweisen hat. Und willkommen auch im Städtchen Friedberg, dessen Geschichte durch einen langen Machtkampf mit den Burgherren geprägt wurde.

„Die Wetterau ist neun Meil Wegs lang und breit, reicht in die Länge von Gelnhausen bis an Castel diesseits Mainz am Rhein gelegen. In die Breit aber von Gießen bis gen Seligenstadt. Es ist aber die Wetterau von Gott reichlich gesegnet, denn da wächst gut Weizen, schöne Roggen, Gersten, Habern, Erbeysen, Flachs und guter Wein …“ (Erasmus Alberus: Kurze Beschreibung der Wetterau, 1552).

Weltstadt am Main – Frankfurt

Wenn das Licht des späten Tages und die Lichter der Hochhäuser zusammengehen und sich den Main zum Spiegel machen, wirkt Frankfurts Skyline wie aus einem Märchen.

Mit Goethe durch Frankfurt zu gehen ist anstrengend. Vielleicht noch mehr, als auf der Buchmesse zu sein. Oder sich im Labyrinth namens Rhein-Main-Airport die Beine aus dem Leib zu laufen. War doch der Mann, wie man weiß, ein Hansdampf in allen Gassen. Sein Geburtshaus ist nach dem Zweiten Weltkrieg wieder aufgebaut worden, die Einrichtung indes original. Vergleichbar dem Gartenhäuschen derer von Willemer. Womit wir schon bei den Weibern wären, die bei Goethe eine so große Rolle spielten. Marianne von Willemer, mit einem Bankier verheiratet, liebte ihn so sehr, dass sie sich fast aufgab. Er selber, sagt man vieldeutig, habe seine Gefühle immer im Griff gehabt. An Susanna Margaretha Brandt, die 1772 an der Hauptwache hingerichtet wurde, reizte ihn die Vita. So ließ er die Kindsmörderin als Gretchen in seinem „Faust“ wiederauferstehen. Eitel, auch das ist bekannt, war Goethe ebenfalls. Weshalb er unbedingt noch zu jenem Bild im Städelschen Kunstinstitut will, das Tischbein von ihm in der Campagna gemalt hat. Doch es reicht allmählich. Man muss ihn spüren lassen, dass sich in Frankfurt nicht alles um ihn dreht.

Aber auch nicht alles ums Geld. Es ist richtig, dass hier – seit 1585 – die Börse beheimatet ist und eine Reihe großer Banken, Versicherungen und Unternehmen ihre Zentrale haben. Ebenso kann nicht geleugnet werden, dass diese nicht nur ihre Pläne, sondern auch ihre Häuser in den Himmel wachsen lassen. Doch wer Manhattan kennt, weiß Mainhattan von diesem zu unterscheiden.

Obwohl die Weltstadt am Main ebenfalls an sich selber leidet, steht ihre Lebenskraft außer Zweifel. Begünstigt auch durch ihr traditionell inniges Verhältnis zu Wissenschaft, Musik, Kultur und Künsten, das – wie das Beispiel des Museumsufers am Main zeigt – außerordentlich bemerkenswerte Früchte trägt.

Zinnfiguren
Kunstgewerbe
Andenken
Präsente

Links:
Der Römerberg in Frankfurt mit seinen malerischen Hausfassaden und dem Gerechtigkeitsbrunnen in der Mitte ist Anziehungspunkt für Einheimische und Touristen gleichermaßen.

Oben:
Der Römer ging aus dem Zusammenschluss und Umbau mehrerer Gebäude hervor. Frankfurts berühmtes Rathaus beeindruckt jedoch nicht nur durch seine Architektur, sondern auch als Schauplatz großer deutscher Geschichte. Wurden doch an keinem anderen Ort mehr Kaiser und Könige gewählt und gekrönt als hier.

Rechts:
Das Goethehaus am Großen Hirschgraben, in dem Frankfurts Vorzeigebürger als Sohn des kaiserlichen Rates Johann Kaspar Goethe und der Schultheißentochter Katharina Elisabeth Textor am 28. August 1749 geboren wurde, ist Wallfahrtsort der Literaturfreunde aus aller Welt.

Ganz rechts:
Der Kaiserdom St. Bartholomäus veränderte mehrmals sein Gesicht: Im 13. Jahrhundert wurde das karolingische Langhaus durch eine dreischiffige frühgotische Halle ersetzt, ab 1305 der neue Chor errichtet. Der Turm datiert aus dem Beginn des 15. Jahrhunderts.

Unten:
„Goethe in der Campagna“ heißt das wohl bekannteste Bild von dem Dichterfürsten, zu sehen im Städel Museum. Gemalt hat es Johann Heinrich Wilhelm Tischbein im Jahre 1787.

Da die Einrichtung des Goethehauses im Zweiten Weltkrieg ausgelagert wurde, entging sie dem Schicksal des Gebäudes und blieb – zur Freude aller Fans des großen Dichters – weitgehend erhalten.

Linke Seite:
Das Museum für Moderne Kunst (MMK) beeindruckt nicht nur durch sein Äußeres – Hans Hollein, der Wiener Altmeister der Postmoderne entschied sich für einen dreieckigen Grundriss -, sondern auch durch die geradezu rituelle Raumgestaltung, die immer neue, überraschende Perspektiven eröffnet.

Obwohl erst 1986 eröffnet, zählt die Schirn Kunsthalle mittlerweile zu den bekanntesten Adressen des Kontinents. Sie besitzt keinen eigenen Fundus, sondern hat sich durch hochkarätige thematische und Personalausstellungen (Matisse, Kandinsky, Chagall, Giacometti) einen Namen gemacht.

Das Liebieghaus, die ehemalige Villa des Textilfabrikanten Baron Heinrich von Liebieg, beherbergt heute die städtische Skulpturensammlung, die Höhepunkte der Bildhauerkunst von der Antike bis zum Klassizismus vorzeigen kann.

Oben:
Am Opernplatz zeigt sich Frankfurt von einer seiner schönsten Seiten. Die Restaurants bieten ihren Gästen nicht nur Speisen und Getränke, sondern auch ein Flair, das von der Geschichte und den Geschichten der Oper genährt wird.

Rechts:
Auf dem Platz an der Hauptwache lässt sich der Pulsschlag des modernen Frankfurt besonders laut vernehmen. Das Gebäude selbst ist alt. Es wurde 1729 bis 1731 von Johann Jakob Samhaimer im barocken Stil der Zeit erbaut. Die Stadtwehr ist längst aus-, dafür ein Café eingezogen.

Oben:
Im Vordergrund der Lucae-Brunnen, dahinter die Alte Oper. Im Zweiten Weltkrieg zur Ruine zerbombt, sollte die traditionsreiche Spielstätte ganz verschwinden. Dass sie heute wieder in altem Glanz erstrahlt, ist der Aktionsgemeinschaft Opernhaus Frankfurt am Main e. V. zu verdanken, die in der größten Bürgerinitiative auf kulturellem Gebiet die Mittel zum Wiederaufbau aufbrachte.

Links:
Nachdem die letzte Fahrt dieses Zugwagens am Frankfurter Mainufer geendet hatte, startete er dort als „Café Wagon“ eine neue Existenz, die ihm nicht weniger Zuspruch beschert als seine mobile Vergangenheit.

Es ist angerichtet – Essen und Trinken in Frankfurt

Es Stoffche is für alles gut,
es fegt de Mage, labt die Schnut,
hilft gegen Rheuma, Podagra,
Heufiewer, Gicht und Cholera.
Bringt flotten Gang stets ohne Qual.
Daswege is es so gesund,
so laut' de ärztliche Befund.

Die Rede geht vom Frankfurter Nationalgetränk, dem Apfelwein, der zugegebenermaßen auch ohne die Kenntnis seiner gesundheitsfördernden Wirkung größten Zuspruch findet. Vor allem in Sachsenhausens traditionsreichen „Ebbelwoi-Kneipen“, die Touristen und Einheimische zusammenbringen. Unterscheiden tun sich diese nur in der Benennung des großen Durstes. Kommen doch die Frankfurter nicht zum Trinken, sondern um ein „Schöppche zu petze“. Gemeint ist damit selbstverständlich nur das Getränk, nicht aber dessen Menge.
Der Apfelwein kommt, wie es sich gehört, im Bembel auf den Tisch. Und wird aus den typischen gerippten Gläsern getrunken, die sich auch mit fettigen Fingern oder verminderter Reaktionsfähigkeit immer fest im Griff halten lassen.
Der Ruhm, den Namen der Stadt in aller Welt bekannt gemacht zu haben, gebührt allerdings nicht dem „Ebbelwoi“, sondern einem Brüh-Würstchen im Saitling, das ausschließlich mit „Schweinereien“ gefüllt ist. Obwohl es sich dadurch deutlich von seinen Wiener Gegenspielern unterscheidet, die zusätzlich noch Rindfleisch enthalten, kommt es in der zu den frühen Vorreitern der Globalisierung gehörenden Familie der langen Dünnen immer wieder zu Verwechslungen. Schuld daran trägt ihr Schöpfer, ein fränkischer Bauernbub namens Johann Georg Lahner, der in Frankfurt das Metzgerhandwerk erlernte, dann jedoch nach Wien wechselte und nicht in der Main-, sondern in der Donaumetropole seine „Frankfurter“ präsentierte. So geschehen im Jahre 1805. Und mit unerwartetem Erfolg. Nachdem sich sogar Kaiser Franz II. als Liebhaber der neuen Würste outete und sein Volk wissen ließ, dass er sie am liebsten – mit frisch gezapftem Bier – zum zweiten Frühstück zu verzehren pflegte, wurden sie erst recht zum Renner.

Köstliche Originale

Die Frankfurter sehen die Konkurrenz gelassen. Verfügen sie doch über genügend Alternativen, die man ihnen anderwärts nicht streitig machen kann. So den eigentlich aus Mainz kommenden Handkäs', der in der Regel – ebenso wie der nicht minder berühmte Schwartenmagen – mit Musik, sprich: Marinade, serviert wird. Herr Goethe, in Frankfurt geborener Genießer, ließ sich letzteren bis ins hohe Alter nach Weimar expedieren. Offensichtlich hatte der Dichterfürst den „Ferscht der Werschte“, so die keines Kommentars bedürfende Lobpreisung der Frankfurter für ihren Schwartenmagen, zum (Fr)Essen gern.
Ein echtes Original ist auch die „Grie Soß“, die – wie ihr Name sagt – aus grünen Kräutern (Sauerampfer, Schnittlauch, Borretsch, Kresse, Kerbel, Petersilie und Pimpernelle) sowie 3 harten Eiern und 1 bis 2 Bechern saurem Rahm bereitet wird. In einem „Koch=Recepte für Lina Hoffmann. Angefangen Sommer 1862“ betitelten Büchlein heißt es dazu: *„Die verlesenen Kräuter und die harten Eier werden fein gewiegt und mit Essig, Öl, Pfeffer und Salz angemacht. Zuletzt kommt der saure Rahm daran. Man kann auch von 3 Eigelb und Olivenöl eine Mayonnaise rühren, dann lässt man aber die harten Eier weg.“* Geschrieben hat es der Frankfurter Arzt Heinrich Hoffmann für seine Frau. Eingedenk dessen, dass er nicht nur Urheber besagter Rezeptsammlung, sondern auch Autor des berühmten Kinderbuches vom „Struwwelpeter“ war, erscheint der Tod des Suppenkaspers, der bekanntlich das Essen bis zum bitteren Ende verweigert hatte, umso tragischer. Möglicherweise wäre er am Leben geblieben, wenn ihm Hoffmanns Frau gekocht hätte.

Links:
So muss es sein beim Apfelwein: Er kommt im Bembel auf den Tisch und wird aus dem typischen gerillten Glas getrunken.

Oben:
„Zum Gemalten Haus“ heißt diese originelle Apfelweinkneipe in Sachsenhausen, wo man nicht nur gut essen und trinken, sondern sich auch in Bildbetrachtung üben kann.

Kleine Bilder rechts, von oben nach unten: *Wie das Etikett verrät, produziert die Metzgerei Gref-Völsings seit 1894 ihre bekannte Brühwurst, die zu 100 Prozent Rindfleisch enthält.*

Handkäs mit Musik. Hochburg dieses Sauermilchkäses ist das nach Hüttenberg eingemeindete Hochelheim, in dem vier der sechs hessischen Handkäsereien beheimatet sind.

Manche mögens deftig. Keine Frage, dass es zum Verdauen der Wurst und des Schinkens im Magen auch viel Flüssigkeit braucht.

Der Frankfurter Kranz, so hört man mitunter, sei eine süße Replik jener Kronen, die hier einst den Kaisern und Königen aufgesetzt wurden.

Ganz links:
Auch wenn das Kind zunächst baden ging, gilt die Paulskirche, die übrigens erst ein paar Jahre vorher – nämlich 1833 – fertiggestellt worden war, als „Wiege der deutschen Demokratie". Tagte doch hier 1848/49 das erste freigewählte Parlament.

Links:
Nachdem die Paulskirche ebenfalls dem Bombenhagel zum Opfer gefallen war, wurde sie als erstes historisches Gebäude der Stadt – in vereinfachter Form – wiederaufgebaut. Freilich nicht mehr als Gotteshaus, sondern als nationales Denkmal.

Linke Seite:
Frankfurt aus der Vogelperspektive gesehen. Flügel bedarf es für diesen tollen Blick über die Stadt allerdings nicht. Die Aussichtsterrasse des im Jahre 2000 seiner Bestimmung übergebenen 200 Meter hohen Maintowers macht es auch ohne diese möglich.

Ganz links und links:
Die Neue Börse datiert vom Ende des 19. Jahrhunderts, also aus Wilhelminischer Zeit. Die Pläne für das im Stil des Historismus errichtete Gebäude lieferten die Frankfurter Architekten Heinrich Burnitz und Oskar Sommer. Die beiden Skulpturen Bulle und Bär beziehen sich auf zwei zentrale Begriffe der Börsensprache: Bullenmarkt (Hausse) steht für anhaltend steigende Kurse, Bärenmarkt (Baisse) für fallende. Das Bild links zeigt den Handelssaal.

Rechte Seite:
Blick vom Maintower. Der ist zwar rund 50 Meter höher als die markante doppeltürmige Nachbarschaft der Deutschen Bank, doch die war schon ein paar Jahre früher da.

Rechts:
Das Deutsche-Bank-Hochhaus wurde 1984 seiner Bestimmung übergeben. Es besteht aus drei Teilen: einem Sockelbau und zwei – im Volksmund Soll und Haben genannten – Doppeltürmen, die jeweils 155 Meter in den Himmel ragen.

Ganz rechts:
Der von Helmut Jahn erbaute Messeturm, bis 1997 mit 257 Metern das höchste Bauwerk Europas, aus ungewöhnlicher Perspektive gesehen. Im Vordergrund einer der gläsernen Kegel, die die Aus- und Eingänge der U-Bahnstation Festhalle/Messe überdachen.

Rechts:
Mit 208 Metern ist der Westend Tower das dritthöchste Hochhaus nicht nur in Frankfurt, sondern auch in Deutschland. Mit dem Strahlenkranz an der Spitze wollte der Architekt William Pedersen die Gegenwart mit der Vergangenheit verknüpfen, nämlich an die Kaiserkrönungen erinnern.

Ganz rechts:
Spiegelungen. Kastor und Pollux, die ungleichen Zwillinge aus der griechischen Mythologie, unterscheiden sich auch nach ihrer Wiedergeburt als Hochhäuser deutlich voneinander. Während Kastor 95 Meter misst, ist Pollux 127 Meter hoch.

Rechts:
Wie der Name sagt, dreht sich bei der alle zwei Jahre im Rahmen der Messe Light+Building stattfindenden Luminale alles um das Licht. Zu den Gebäuden, die dadurch eine wundersame Verwandlung erfuhren, zählt auch das Kraftwerk am Westhafen.

Unten:
Die Eiserner Steg genannte Fußgängerbrücke über den Main, die den Römerberg und Sachsenhausen miteinander verbindet, gibt es schon seit fast 150 Jahren. Nur die Aussicht hat sich seither sehr verändert.

Oben:
Zur Luminale im Jahre 2008 wurde über der Hauptwache dieses Lichtdach „gebaut", was ihr kurzzeitig zu einer neuen fantastischen Existenz verhalf.

Links:
Die 220 Meter lange und bis zu 23 Meter hohe ehemalige Großmarkthalle am rechten Mainufer bietet sich als riesige Projektionsfläche für Licht- und Farbenspiele dieser Art geradezu an.

Vom Vogelsberg nach Willingen – der Norden

Vor etwa 50 Millionen Jahren haben die Erdfeuer das Vogelsbergmassiv geboren. Seitdem ist dessen sandsteinerner Fuß in eine so große Decke aus Lava gehüllt, wie sie nicht einmal der Ätna besitzt.

Während an der Rhön noch andere Bundesländer teilhaben, gehört der Vogelsberg Hessen allein. Einst ein ganz Feuriger, hat er sich längst abgekühlt. Sonnt sich nun in seinem Ruhm, soviel zusammenhängenden Basalt zu besitzen wie niemand sonst in Zentraleuropa. Muss sich jedoch gefallen lassen, dass ihm die Nachbarschaft, das Kurhessische Bergland, auf dem Kopf herumtanzt. Allein des fachwerkenen Festkleides wegen, das hier viele Häuser tragen, lohnt der Besuch. Fritzlar kann sich nicht nur eines herrlichen Marktplatzes, sondern auch – mit dem St.-Petri-Dom – eines bedeutenden romanischen Gotteshauses rühmen.

Das größte, das damals nördlich der Alpen gebaut wurde, steht im nahen Bad Hersfeld, ist allerdings Ruine. Weiter nordöstlich, an der Werra, sollte man sich nicht wundern, neben grünen auch weiße Berge zu erblicken. Obwohl Frau Holle in der Nachbarschaft wohnt, handelt es sich in diesem Falle nicht um Schnee, sondern um Salz, ohne das es auch das malerische Bad Sooden-Allendorf nicht geben würde. Dem monumentalen kupfernen Herkules auf der Wilhelmshöhe sei die Herrschaft über Kassel vergönnt. Befindet sich doch das Umland, mit Sababurg und Trendelburg, fest in der Hand der deutschen Märchenprominenz. Märchenhaft, obwohl hier weder Dornröschen noch Rapunzel, sondern die Fürsten zu Waldeck und Pyrmont residierten, erscheint auch das prächtige Schloss in Bad Arolsen.

Das hessische Wintermärchen wiederum heißt Willingen, wo der Auftritt der weltbesten Skispringer alljährlich eine kleine Völkerwanderung auslöst.

Rhönwinter. „Das Klima ist im Allgemeinen rauh und wild ... Nicht selten schon Ende September, gewiss aber im October fällt Schnee, welcher Berg und Tal in das weisse traurige Todtengewand hüllt und alles Leben und Treiben begräbt. Der Schnee erreicht oft eine Höhe von 30–40 Fuss und schmilzt erst Ende Mai ...“ – heißt es in Balthasar Spiess' Buch „Die Rhön“ (1867), der ersten umfassenden Beschreibung des Gebirges.

So mancher lässt sich heute gern von den Schneelandschaften der Rhön verzaubern. In dem beliebten Naherholungsgebiet kann man Wandern, Langlaufen und Skifahren.

Rechts:
Alsfelds Gute Stube ist der Markt: Das fachwerkene Rathaus wurde 1516 fertiggestellt, das steinerne Weinhaus ein paar Jahre später (1538). Der trutzige Turm von 1543 gehört der Walpurgiskirche.

Rechts:
Meister Hans Meurer war der Erbauer des Hochzeitshauses in Alsfeld. In sieben Jahren (1564–1571) aufgerichtet, diente das herrliche Renaissancegebäude als städtisches Fest- und Tanzhaus.

Ganz rechts:
Diese beiden durch einen schmalen Übergang verbundenen schönen Fachwerkhäuser stehen in der Schaufußgasse in Alsfeld.

Rechte Seite:
Schloss Hungen wurde ab Mitte des 15. Jahrhunderts anstelle einer älteren Burganlage errichtet. Nach mehreren Umbauten und Zweckentfremdungen wurde es 1974 von einer Eigentümergemeinschaft erworben, die es zum Schmuckstück machte.

Im Märchenland der Gebrüder Grimm

Der Unterschied konnte größer nicht sein: Während die junge Königstochter so gut aussah, *„dass die Sonne selbst, die doch so vieles gesehen hat, sich wunderte, so oft sie ihr ins Gesicht schien“*, war der Frosch, der sie zur Frau begehrte, ausgesprochen garstig, ja eklig – eben so, wie Frösche nun einmal sind. Unglücklicherweise hatte ihm die Schöne zugesagt, dass er alles von ihr haben könne, wenn er nur ihren Ball aus dem Brunnen heraufhole. Dieses Versprechen gegenüber einem Tier hätte natürlich keinerlei Bedeutung gehabt, wenn nicht der Vater der Prinzessin, ein wirklich ungewöhnlicher König, auf die Einlösung bestanden hätte. Angesichts der scheinbar hoffnungslos verfahrenen Situation kam der glückliche Ausgang umso überraschender: Entpuppte sich doch der Frosch als verzauberter Königssohn, der zudem noch jung und von wohlgefälliger Gestalt war. Kaum vorstellbar, wenn der Versuch der Prinzessin, sich seiner zu entledigen – sie hatte ihn mit „allen Kräften wider die Wand“ geschleudert, erfolgreich verlaufen wäre.

Ein normaler Frosch hätte diesen Aufprall eh nicht überstanden. Das heißt, spätestens an dieser Stelle muss auch ausgesprochen Gutgläubigen klarwerden, dass diese Story nicht an einem real existierenden europäischen Königshof spielt, sondern ein Produkt der Fantasie ist.

Finden tut man sie im ersten Band der „Kinder- und Hausmärchen“, die in den fast zweihundert Jahren seit ihrem Erscheinen am 20. Dezember 1812 Generationen von kleinen und großen Lesern in ihren Bann gezogen und die Gebrüder Grimm, als Herausgeber, in aller Welt bekannt gemacht haben.

Die meisten Gewährsleute sind namentlich überliefert. Besonders viele der bekannten Märchen stammen von Dorothea Viehmann. Nicht zu vergessen jene, die der alte Dragonerwachtmeister Friedrich Krause, der sich mit Unterwäsche und – getragener – Kleidung löhnen ließ, beigetragen hat.

Auch glaubt man, diverse Schauplätze herausgefunden zu haben: Während Frau Holle auf dem Hohen Meißner logieren soll, gilt die Sababurg als Dornröschenschloss. Im Gegensatz zu diesen beiden Protagonisten trifft man Rotkäppchen manchmal noch heute. Und zwar immer dann, wenn die Frauen in der Schwalm ihre Tracht anlegen. Die rote Kappe ist dort das Zeichen der Unverheirateten. Die Frage, ob der Wolf möglicherweise erst durch sie auf das Mädchen aufmerksam gemacht wurde, ist müßig. Hat doch die schwarze Kopfbedeckung die Großmutter auch nicht vor dem Verzehr bewahren können.

Die Unzertrennlichen

Jacob (1785–1863) und Wilhelm Grimm (1786–1859) erblickten in Hanau das Licht der Welt. 1791 zog die Familie nach Steinau an der Straße, wo der Vater als landgräflicher Amtmann wirkte. Die beiden Brüder, die seit ihrer Kindheit als unzertrennlich galten, studierten zunächst die Rechte. Danach wechselten sie das Metier und widmeten sich in enger Arbeitsgemeinschaft den frühesten Zeugnissen der Literatur. Während sich die meisten Vertreter der romantischen Bewegung am christlichen Mittelalter begeisterten, gingen die Gebrüder Grimm noch weiter und tiefer zurück. Machten sowohl die altdeutsche Dichtung als auch die germanische Mythologie sowie die überlieferten Rechtsaltertümer zum Schwerpunkt ihrer Forschungen. Dabei entdeckten sie unter anderem das aus dem 9. Jahrhundert stammende „Hildebrandslied“. Ihr bedeutendstes und folgenreichstes Vermächtnis ist jedoch das „Deutsche Wörterbuch“, mit dem die deutsche Literatur- und Sprachwissenschaft ihren Anfang nahm.

Es ehrt die beiden sehr, dass sie sich nicht nur als Gelehrte, sondern auch als Homo politicus verstanden. Fest davon überzeugt, dass man die *„Handlungen der Fürsten nach der Gerechtigkeit ... wägen“* müsse, protestierten sie im Jahre 1837 mit fünf anderen Göttinger Professoren gegen die Aufhebung der hannoverschen Verfassung durch König Ernst August I. Worauf diesem nichts Besseres einfiel, als sie zu entlassen.

Übrigens: Das ehemalige hanauische Amtshaus in Steinau an der Straße birgt heute ein wunderschönes Memorialmuseum. Und die berühmte Marionettenbühne „Die Holzköppe“, die die Grimmschen Märchen noch heute in der Originalversion des Gründervaters Karl Magersuppe spielt, ist nur einen Katzensprung vom Museum entfernt.

Links:
1959 ehrte die Deutsche Bundespost die Gebrüder Grimm mit dieser Briefmarke.

Oben:
Das Gebrüder-Grimm-Nationaldenkmal vor dem Neustädter Rathaus in Hanau, ein Werk des Münchner Künstlers Syrius Eberle, wurde 1896 enthüllt.

Kleine Bilder rechts, von oben nach unten: Das Haus in Steinau an der Straße, in dem die Gebrüder Grimm von 1791 bis 1798 lebten, ist heute Museum.

Auch im Hessenpark kann man den Gebrüdern Grimm beziehungsweise deren Märchen begegnen. Und zwar nicht nur an diesem Fenster, sondern auch im Rahmen von Theateraufführungen.

Der 1985 errichtete Steinauer Märchenbrunnen erinnert an einige der schönsten und bekanntesten Märchen der Gebrüder Grimm.

K U N S T
IRENA SOUKUP MODEN

Linke Seite oben:
Der Dom St. Georg und Nikolaus in Limburg an der Lahn gehört zu den herausragendsten Zeugnissen spätstaufischer Baukunst. Mit seiner Errichtung wurde vor dem Ende des 12. Jahrhunderts begonnen. Die Weihe ist für 1235 überliefert; die Türme waren damals wohl noch nicht fertig.

Linke Seite unten:
Das Haus Nr. 8 am Limburger Fischmarkt, dem wohl ältesten Teil der Stadt, wurde Mitte des 14. Jahrhunderts erbaut und 1518 aufgestockt. Die dem Platz zugewandte Fassade kam 1613 hinzu.

Links:
Bei der letzten Restaurierung des Limburger Doms wurden die originale Ausmalung freigelegt und Fehlendes retuschiert. So hat er seine ursprüngliche Farbigkeit, deren Leuchtkraft freilich nicht mehr ganz so groß ist, zurückgewonnen.

Unten:
Nach Unterzeichnung des Vertrages mit dem Fürstabt im Jahre 1704 brauchte Johann Dientzenhofer nur acht Jahre, um den neuen Dom in Fulda zu errichten. Die Gestaltung des Innenraums indes zog sich bis 1720 hin.

Rechts:
Auch am Fuldaer Stadtschloss, der Residenz der Fürstäbte und Fürstbischöfe, war Johann Dientzenhofer führend beteiligt. Er lieferte die Pläne, nach denen der ursprüngliche Renaissancebau im Stil des mainfränkischen Barock umgestaltet und erweitert wurde.

Nachdem sich die ehemaligen Vögte der Konradiner zum mächtigsten Geschlecht im südwestlichen Teil des heutigen Hessen aufgeschwungen hatten, wurde den Grafen von Nassau ihre Residenz in Weilburg mit der Zeit zu klein. So ließen sie sich im 16. Jahrhundert ein Renaissanceschloss erbauen, dem in barocker Zeit noch weitere Gebäude, wie die beiden Orangerien und die Kirche, folgten.

Im Gegensatz zum Schloss Eisenbach, das nur von außen besichtigt werden kann, ist die schöne Parkanlage frei zugänglich. Und in der Schlosskirche kann man auch heiraten.

Rechte Seite:
Schloss Laubach geht in seiner heutigen Gestalt auf das 16. bis 18. Jahrhundert zurück. Residenz wurde es 1548 unter Graf Friedrich Magnus I. von Solms-Laubach, Halbbruder des hessischen Landgrafen Philipp des Großmütigen.

Die spätromanisch-frühgotische Kirche des 1174 gegründeten Zisterzienserklosters Arnsburg ist als romantische Ruine erhalten. Seit dem Beginn des 19. Jahrhunderts wurde das Gotteshaus als Steinbruch genutzt.

Der Arnsburger Kapitelsaal stammt aus der frühen Gotik. Die umlaufenden Sitzbänke deuten vermutlich darauf hin, dass es kein abgeschlossener Raum, sondern eine Erweiterung des Kreuzgangs war.

Seite 110/111:
Von sieben Bogen getragen, hilft die 104 Meter lange und 3,45 Meter breite Alte Lahnbrücke in Wetzlar, den Fluss zu überqueren. Und das seit rund 750 Jahren.

Rechts:
Zwar ist das Gebälk dieser malerischen Fachwerkhäuser in Wetzlar im Laufe der Jahrhunderte etwas aus dem Lot geraten, doch diese Zeichen stolzen Alters gereichen ihrem Aussehen bestimmt nicht zum Nachteil.

Ganz rechts und unten:
Da sich Stift und Stadt über die Finanzierung des Wetzlarer Doms Unserer Lieben Frau in die Haare gerieten, blieb er schließlich unvollendet. Einen Bischof gab es hier übrigens nicht. Die Benennung rührt daher, dass einer der Trierer Erzbischöfe auch Stiftspropst war.

Oben:
Das tausendjährige Herborn besitzt einen wahren Schatz an historischen Fachwerkhäusern verschiedenen Aussehens. So haben einige, wie am Markt, ein Schieferkleid übergezogen.

Links:
Malerisches Licht. Das heute rund 13 000 Einwohner zählende Städtchen an der Wetter wurde Ende des 8. Jahrhunderts erstmals erwähnt und erhielt im Jahre 1300 die Stadtrechte verliehen. Neben den fachwerkenen Bürgerhäusern gibt es mit dem Schloss der Fürsten zu Solms-Hohensolms-Lich, der Marienstiftskirche und dem Stadtturm noch weitere sehenswerte Architekturdenkmäler.

Links:
In den an Burgen so reichen deutschen Landen gebührt der Ruine Runkel ein Ehrenplatz. Bietet sie doch – zusammen mit der Lahn und der alten Flussbrücke, zu deren Schutz sie erbaut wurde – einen besonders romantischen Anblick.

Oben:
Schloss Braunfels ist so etwas wie ein hessisches Neuschwanstein. Der neugotische Eingriff im 19. Jahrhundert hat es deutlich geprägt. Zu empfehlen ist das Museum mit zum Teil hochkarätigen Exponaten aus dem Besitz derer von Solms-Braunfels.

Links:
Das Schloss der hessischen Landgrafen in Marburg besitzt offensichtlich eine wundersame Anziehungskraft. So sind ihm nicht nur die Häuser den steilen Berg hinauf zugewachsen, sondern es kann sich auch der Blicke all derer sicher sein, die der Stadt ihre Aufwartung machen.

Unten:
Blick über den Marktplatz von Marburg auf das historische Rathaus, das zwischen 1512 und 1527 erbaut wurde. Der Turm mit dem Uhrgiebel kam erst ein paar Jahre später hinzu. Auf dem Platz soll im Jahre 1248 Sophie von Brabant ihren damals vierjährigen Sohn zum Landgrafen ausgerufen haben.

Ganz unten:
Blick auf den geschnitzten und vergoldeten Schrein des sogenannten Sippenaltars, ein Werk Ludwig Juppes aus dem Jahre 1511. Zu bewundern im nördlichen Seitenschiff der Marburger Elisabethkirche.

Fritzlar-Homberger
HNA

Linke Seite:
Ein Ort zum Träumen: der Marktplatz in Fritzlar. Wenn sie erzählen könnten, würden sich die alten Häuser sicherlich allerlei Geschichten aus vergangenen Zeiten zuraunen.

Links:
Auch das an einer Furt über die Eder gelegene Frankenberg – Mitte des 13. Jahrhunderts von den thüringischen Landgrafen als Stützpunkt gegen Mainz gedacht – kann sich mit gutem Gewissen Fachwerkstadt nennen.

Ganz links und links:
Fritzlaer Preziosen in Holz, Lehm und Stein. Die Anfänge der Stadtmauer stammen aus dem zweiten Viertel des 13. Jahrhunderts. Immerhin haben es einige der insgesamt dreißig mittelalterlichen Wehrtürme geschafft, den Zeiten zu trotzen.

Seite 120/121:
An der Stelle eines alten Augustinerklosters erbaute Julius Ludwig Rothweil zu Beginn des 18. Jahrhunderts für Graf Friedrich Anton Ulrich von Waldeck und Pyrmont die barocke Residenz Arolsen nach dem Vorbild von Versailles.

Links:
Korbach. Rechts im Hintergrund der Turm von St. Kilian. Links im Vordergrund das Hartwigsche Haus, ein Fachwerkbau von 1720, dessen Portal der Waldecker Bildhauer Josias Wolrad Brützel mit Engelsköpfen geschmückt hat.

Unten:
Bad Karlshafen, 1699 von französischen Glaubensflüchtlingen in einem Sumpfgebiet zwischen Weser und Diemel gegründet, sollte nach dem Willen des Landgrafen Ausgangspunkt eines Weser und Rhein verbindenden Kanals werden. Von diesem kühnen Projekt wurde im Prinzip nur der Hafen ausgeführt.

Der Hessentag, das älteste und größte Landesfest Deutschlands, wird seit 1961 gefeiert. Ging es damals vorrangig darum, Alteingesessene und Heimatvertriebene über das heimische Brauchtum zusammenzubringen, ist die Palette der Veranstaltungen heute viel breiter und internationaler.

Seite 126/127:
Allendorf, seit 1929 mit dem Heilbad Sooden vereinigt, kann sich des geschlossensten Fachwerkkomplexes Hessens rühmen. Im Licht der abendlichen Illumination wirkt der Platz in der Innenstadt noch romantischer.

Am Jubiläumsfest zum 50. Hessentag in Stadtallendorf haben rund 150 Gruppen, Kapellen und Motivwagen teilgenommen.

Rialto

Geschenke, Spielwaren
& alles Kreative
für Groß und Klein

Oben:
Blick über die Werra auf die Kirche St. Crucis in Allendorf, deren Turm 62 Meter in den Himmel ragt. Die Anfänge des Gotteshauses liegen zu Beginn des 13. Jahrhunderts. Am südlichen Kirchenschiff blieben romanische Bauteile erhalten.

Rechts und ganz rechts:
Im 1991 – als ersten seiner Art in Deutschland – eröffneten hessisch-thüringischen Grenzmuseum „Schifflersgrund“ zwischen Sickenberg und Bad Sooden-Allendorf wird die leidvolle Geschichte der mehr als vierzigjährigen deutschen Teilung dokumentiert.

Oben:
Steinernes Gotteshaus in fachwerkener Begleitung: St. Anna in Wolfhagen. Die gotische Hallenkirche ist rund 50 Meter lang, 22 Meter breit und 25 Meter hoch. Der Turm aus der ersten Hälfte des 14. Jahrhunderts überragt das Schiff um weitere 20 Meter.

Links:
Diese schöne historische Häuserzeile findet sich in Rotenburg an der Fulda. Die im Schatten der namensgebenden thüringischen Burg entstandene Stadt kam 1264 zu Hessen und war von 1267 bis 1834 Residenz der Landgrafenfamilie von Hessen-Rotenburg.

WILHELMUS II ELECTOR
CONDIDIT MDCCCXXVI
MENS SANA IN CORPORE SANO

Links:
Der „Rahmenbau" („Landschaft im Dia"), einst Wahrzeichen der documenta 6, steht heute auf dem Friedrichplatz in Kassel. Seine Schöpfer, die Mitglieder der österreichischen Architekten- und Künstlergruppe Haus-Rucker-Co, verstanden ihn als „Architektur zur Wahrnehmung und Ergänzung irdischer Umwelt".

Linke Seite oben:
Das zwischen 1703 und 1711 erbaute Kasseler Orangerieschloss gehörte nicht nur den exotischen Pflanzen, sondern auch dem Landgrafen und seinen Gästen. Während die Eckpavillons im Sommer zum Wohnen genutzt wurden, waren die Galerien Schauplatz rauschender Feste.

Linke Seite unten:
Das 1779 fertiggestellte Fridericianum war eines der ersten öffentlichen Museen. Die Besucher konnten hier die von den Landgrafen gesammelten Kunstobjekte bewundern. Heute schlägt hier alle fünf Jahre das Herz der documenta.

Ganz links:
„Man walking to the sky" nannte der US-amerikanische Künstler Jonathan Borofsky sein für die documenta 9 entworfenes Objekt – eine steil gen Himmel strebende Stahlröhre. Mit einem Mann, der es schon ziemlich weit nach oben geschafft hat.

Links:
Auf dem Altan des zerstörten Roten Palais (dahinter das Kaufhaus Leffers) am Kasseler Friedrichsplatz hat Thomas Schütte Figuren seiner auf der documenta 9 gezeigten Keramikgruppe „Die Fremden" platziert.

Rechte Seite:
Dieser fantastische Blick über die Kaskaden auf Kassel ist nicht nur dem kupfernen Herkules vergönnt, sondern jedem, der den Helden hochdroben in seinem Schloss besucht.

Rechte Seite oben:
Acht Meter ist der von einem Augsburger Kupferschmied gefertigte Kasseler Herkules groß. Und rund 200 Jahre alt. Gleich anderen in die Jahre gekommenen Helden zieht er es vor, die Keule nicht mehr zum Totschlagen zu benützen, sondern um sich damit zu stützen.

Schloss Wilhelmshöhe in Kassel zählt zu den architektonischen Dominanten des gleichnamigen Bergparks. Anstelle des sogenannten Moritzschlosses wurden 1786 erst der südliche (Weißsteinflügel) und danach der nördliche Pavillon (Kirchflügel) errichtet. Der Mittelteil datiert von 1798.

Das Große Gewächshaus im Park Wilhelmshöhe, ein filigranes Kunstwerk aus Eisen und Glas, wurde 1822/23 von Johann Conrad Bromeis, dem Hofarchitekten des Kurfürsten Wilhelm II., errichtet.

Rechte Seite unten:
Sowohl die Teufelsbrücke als auch der darunter gelegene Höllenteich im Bergpark Wilhelmshöhe zielen mit ihrer Benennung auf die Unterwelt, deren oberster Chef Pluto ganz in der Nähe eine Grotte besitzt.

Register

Höxter
Solling
HAMM
PADERBORN
Northeim
Soest
Bad Karlshafen
DORTMUND
Trendelburg
Weser
Reinhardswald
Urwald
Tierpark
Reinhards-
hagen
GÖTTINGEN
Hofgeismar
Diemelstadt
Hannoversch
Münden
Arnsberg
Brilon
Bad
Arolsen
Ruine
Kugelsburg
Calden
Schloss
Wilhelmsthal
Schloss Berlepsch
Diemelsee
Zierenberg
Fuldatal
Witzenhausen
Willingen
Wolfhagen
Herkules
KASSEL
Werra
Langenberg
843 m
Korbach
Naumburg
Schloss
Wilhelmshöhe
Kaufungen
Bad Sooden-
Allendorf
Lüdenscheid
Ruine
Itterburg
NP Kellerwald-
Edersee
Baunatal
Lohfelden
Groß-
almerode
Schloss Rothestein
Rothaargebirge
Ruine
Ehrenburg
Waldeck
Hessisch
Lichtenau
Meißner
754 m
Eschwege
NORDRHEIN-
WESTFALEN
Edersee
Edertal
Wanfried
Bad
Wildungen
Fritzlar
Felsberg
Melsungen
Wald-
kappel
Wehretal
Hessenstein
Wabern
Spangenberg
Boyneburg
Frankenberg
Kellerwald
Sontra
Allendorf
Homberg
Alheim
Battenberg
Ruine
Tannenberg
Eder
Burgwald
Ruine
Schönstein
Rotenburg
Fulda
Bebra
Eisenach
Schwalm
Knüllgebirge
Wildeck
Biedenkopf
Schwalmstadt
Knüllköpfchen
634 m
Ludwigsau
SIEGEN
Wetter
Neustadt
Neukirchen
Bad Hersfeld
Dautphe
Kirchhain
Stadt-
allendorf
Marburg
Niederaula
Gladenbach
Schwalm
Ohm
Weimar
Schloss
Herzberg
Eiterfeld
THÜRINGEN
Haiger
Dillenburg
Alsfeld
Westerwald
Homberg
HESSEN
Lahn
Breitscheid
Herborn
Rabenau
Schlitz
Hünfeld
Lollar
Wettenberg
Lauterbach
Museumsdorf
Tann
Besucherbergwerk
Grube Fortuna
Aßlar
Mücke
Schloss
Eisenbach
GIESSEN
Grün-
berg
Vogelsberg
Wetzlar
Leun
Großen-
lüder
Hofbieber
Laubach
FULDA
Dornburg
Waldmuseum
Braunfels
Lich
Wasserkuppe
950 m
Schotten
Rhön
Weilburg
Taufstein
773 m
Eichenzell
Kristallhöhle
Hungen
Nidda
Rotes Moor
Butzbach
Gersfeld
Elz
Gräven-
wiesbach
Nidda
Kalbach
Fulda
Flieden
Gedern
Rhein
Limburg
Runkel
Bad Nauheim
Selters
Usingen
Birstein
Friedberg
Schlüchtern
Lahnstein
Hünfelden
Bad
Camberg
Freilicht-
museum
Römerkastell
Ortenberg
Florstadt
Erlebnispark
Taunus
Büdingen
Gr. Feldberg
880 m
Bad Homburg
Bad Soden-
Salmünster
Ronneburg
Idstein
Hohenstein
Oberursel
Nidderau
Gelnhausen
Bad Orb
Kronberg
Biebergemünd
Königstein
Bad Vilbel
Taunusstein
Langen-
selbold
Bad Schwalbach
Maintal
Linsen-
gericht
Lauksburg
Kelkheim
FRANKFURT
Philippsruhe
Hofheim
Schlangenbad
OFFEN-
BACH
HANAU
Spessart
Lorch
Rheingau
WIESBADEN
Main
Neu-
Isenburg
Oestrich-
Winkel
Hochheim
Dietzen-
bach
Seligenstadt
Schweinfurt
Eltville
Rüdesheim
Walldorf
Mäuseturm
MAINZ
Dreieich
Rodgau
Lohr
Rüssels-
heim
Aschaffen-
burg
Mörfelden
Rödermark
Baben-
hausen
BAYERN
Main
Groß-Gerau
Schloss
Kranichstein
Bad
Kreuznach
Dieburg
DARMSTADT
Roßdorf
Groß-Umstadt
Main
Nahe
Griesheim
Ruine
Frankenstein
Reinheim
Pfungstadt
Höchst
WÜRZBURG
Seeheim-
Jugenheim
Gernsheim
Odenwald
Bad König
Rhein
Reichels-
heim
Felsenmeer
RHEINLAND-
PFALZ
Einhardsbasilika
Michelstadt
Bensheim
Wildpark
Bürstadt
Fürth
Worms
Lorsch
Heppen-
heim
Erbach
Lampertheim
Birkenau
Weinheim
Beer-
felden
LUDWIGS-
HAFEN
MANNHEIM
KAISERSLAUTERN
Neckar-
steinach
BADEN-
WÜRTTEMBERG
Neckar
HEIDELBERG
20 km

Der Apfelmost ist sozusagen der Vater des Frankfurter Nationalgetränks „Ebbelwoi“. Anfangs heißt man ihn „Süßer“ und nachdem er leicht zu gären begonnen hat „Rauscher“. Zum Wohl!

Impressum

Buchgestaltung
www.hoyerdesign.de

Karte
Fischer Kartografie, Aichach

Printed in Germany
Repro: Artilitho snc, Lavis-Trento, Italien
www.artilitho.com
Druck und Verarbeitung: Offizin Andersen Nexö, Leipzig

ISBN 978-3-8003-4092-7

Unser gesamtes Programm finden Sie unter:
www.verlagshaus.com